# Stop Overreacting

## Effective Strategies for Calming Your Emotions

# 超載情緒

## 擺脫抓狂人生，安撫情緒的有效方法

Judith P. Siegel
茱蒂絲・席格爾——著
嚴麗娟——譯

獻給米契爾及珍娜（Mitchell and Jenna）

——下一代的作家

# 目錄

# 引言

儘管我們住在充滿挑戰和失望的複雜世界，但有些人就是做了更好的準備，把問題處理得更好。碰到充滿壓力的狀況，為什麼有人可以坦誠且平靜地反省和面對，有人卻只會大發脾氣？為什麼碰到令人困擾的評論，有些人會退縮，或變得非常悲觀，有些人卻很快就忘了？是否曾有這樣的情況：你氣瘋了，氣到無法思考？有沒有人跟你說，你對事件的解讀真的很離譜？覺得很合理的反應後來卻證實很不恰當，造成嚴重的傷害？如果你發現，你不了解自己為何情緒混亂，也無法控制，行為常常受到影響的話，這本書就是為你而寫。

多年來，我合作的對象常因反應激烈而帶來不良的後果。事後，他們才能重新評估自己的行為，但是已經傷害了親人好友，也讓生活變得更複雜。或許，你也有同樣的經歷。或許，你怒火中燒，匆忙做出決定，因此困擾了好多年。回顧做過的事，如果你滿心遺憾，那麼本書中的資訊或許能幫你扭轉局面。

我用多年的經驗加上最新的研究成果，來解決這個問題。一九九〇年，美國總統喬治·布希（George Bush）宣布為神經生物學研究提供資金，開始了所謂「大腦的十年」（Decade of the Brain）。這項研究證實了身心的連結，並衍生出數百項其他的研究計畫，解釋大腦如何調節情緒。這項研究基本上驗證了我治療個人、伴侶及家庭的臨床經驗；這些治療對象，因為情緒反應過度造成或使之惡化的問題深感苦惱。

我認為反應過度是一種涉及心靈和身體以及過去和現在的經驗。在本書的第一篇，我會解釋信仰、情緒和生理反應如何結合起來，帶來反應過度。在第二篇，我會檢閱嫉妒、拒絕、批評和控制——常會引發反應過度的因素。本篇的章節說明反應過度如何開展，以及用哪些方法來保持更平衡的觀點。在第三篇，我會舉出在職場和家庭關係中常見的情況。不論對象是同事、上司、顧客、員工、配偶、父母或小孩，反應過度有可能造成破壞，讓生活更複雜。在本書的最後一篇，我會檢視不同的做法，幫你恢復鎮定，以便認真思考並提出恰當的回應。我也會建議一些方法來挑戰你的信念，與過去和解，曾經觸發反應過度的情況就不太可能再次帶來同樣的反應。

要真能感受本書的好處，你必須面對三個風險。第一個風險是做完每一章後面的練習。多年來，你可能都在逃避某些感覺跟回憶，現在卻不得不面對。你要鼓起勇氣，信任自己，但你會學到新的方法來了解和處理你的情緒世界。第二個風險則是要持久。如果你超重了，身材走了樣，你覺得不如讀一本書，然後在九分鐘內跑完一英里（大約一．六公里）。但你也會想到，體力要花時間培養，可能要練習好幾天，才能走完整整一英里。要學會處理激烈的情緒反應，其實做法也差不多。把情緒世界分成小塊，分開探索，你會發現你的容忍能力增強了，因為不區分的話，你很可能會被這些情緒壓倒。若要找到可能有幫助的方法，就需要好好練習，達到你想要的結果。最後一個風險則跟自我接納有關。讀這本書的時候，我希望你能用新的方式及全新的誠懇度來思考你的人生。身為治療師，我知道，如果你能跟專業人員分享你的感覺和看法，對方可以提供鼓勵和支持的話，這個過程就簡單多了。我希望你靠自己找到的結果能有足夠的意義，吸引你繼續思考，愈來愈懂得如何管理自己的反應。

本書從頭到尾都會引用我過去三十年來碰過的案例及人物。我希望在別人體驗過的故事裡，你能看到自己，克服反應過度的毀滅力量。

# 第一篇

# 生理機制

我們當然希望學到幾招就能幫自己克服反應過度，但要帶來長久的變化，最好要先了解整個過程。本書的第一篇會先定義和釐清反應過度的各種面向。

第一章

# 了解反應過度

我們的反應在一瞬間產生，但隨之而來的行動可能迴響好幾年。幾乎每個人都相信，我們的回應有道理，以事實為根據，但基本上都不是這樣。通常，情境會觸動舊有的信念、期待和情緒記憶，影響到當下，歪曲我們對事件的解讀。在這種情況下，就無法確定我們的想法和感受完全是根據現在的事實。即使我們沒察覺到這些正在開展的動力，但我們的想法、感覺和行動通常會讓我們做出將來會後悔的事情。

打開這本書之前，你或許以為反應過度的意思是情緒崩潰。或許你想到有一次你失控了，在盛怒之下氣炸了。但也有可能是相反的，反應過度之後，你把自己封閉起來。或許有一次，一件小事讓你痛苦了好幾天，覺得沮喪悲觀。反應過度應該解釋成舊有體驗激起的劇烈回應，以及不假思索就爆發的情緒。也就是說，還沒收錄也尚未完全了解帶來回應的特定因素，反應就出現了。有時候，情緒太激烈了，導致無法思考。有時候，因為不自在，我們一點都不想去思索碰到的情況，但是仍逃不開負面的感受。

我合作過的案主（client）說，反應過度的時刻就像「撥動了開關」。他們的念頭和情緒不知從何而來，勢不可擋。有些人則抱怨會一直想到舊事，甩不掉侵入腦海的想法和擔憂。我完全了解他們的說法，因為我也經歷過反應過度。說老實話，每個人應該都碰過扼制不住情緒的時候，讓我們做出之後會後悔的行動。直覺反應是人類的一種本能，但有些人更能辨別出自己想快速回應的衝動，使用方法讓自己停下來深思熟慮，免得造成傷害。

辨別出我們會給予最強烈反應的問題，也是一種壓制反應過度的做法。我們常會碰到讓自己覺得受傷或焦慮的事情。在這本書裡，我稱這種事件是反應過度的觸發點。每個人都有特殊的敏感區域，都被我們推到了覺知的深處。在兒童期，我們可能碰過覺得受到威脅、輕視、侮辱或拒絕的時候。情緒記憶一湧上來，如果不知道該怎麼處理，防禦機制會介入，幫我們處理。這一章會檢閱反應過度時會出現的各種回應和動力。

## 每個人的反應都不一樣

飢餓或想睡的程度會因人而異，同樣地，在感覺的世界裡，也有不同的深度和強度。

說到情緒，每個人都有不一樣的舒適圈——體驗自己的情緒，同時受到他人的情緒刺激。或許在你成長的家庭裡，公開表達憤怒不會帶來不適，愛的表達也一樣。家庭成員對吼幾分鐘，到最後又笑了起來，擁抱和好。有的家庭可能不贊成家人展現情緒，盡量不表現出內心的感受。

每個人的情緒平衡也有高低程度，意指能否用平靜、經過認真思索的方法來管理壓力。我們的情緒平衡由很多因素組成，包括個人的性情、過去的經驗及一般的安樂狀態。小孩子覺得餓或疲倦時，可能會發脾氣，成人也一樣，碰到生理或情緒的壓力，更容易發怒，容易反應過度。睡眠不足也會改變大腦的化學物質，改變反應過度的誘因（Walker and van der Helm 2009）。但即使是狀態最好的時候，情緒被挑起來的力度加上激發出來的情緒記憶，仍有可能把我們推到極限，再也無法忍受。

## 情緒外爆型與情緒內爆型

每個人都有自己的情緒失控點，而且展現的方法也不一樣。有人可能容納不了情緒，就發出來了，但有人覺得不知所措時，反應卻是退縮和保持距離。兩種回應同樣強烈，但基本上不一樣。如果你很容易焦慮不安，提高音量，就是情緒外爆型（exploder）。如果你發現你會撇開自己的感覺，想把令人生氣的事從心裡趕出去，那你屬於情緒內爆型（imploder）。

這兩種應付不知所措狀態的基本方法通常是從小養成。專家已經做了數百項研究，觀察小孩對壓力情境的不同反應。或許你可以想想自己唸小學時處理壓力的方式。如果你在教室裡或遊樂場上表現得比較調皮，那你可能會展現出情緒外爆型的特徵。情緒外爆型很難壓制自己的感覺，容易焦慮不安，超載時甚至會變得有攻擊性。但是內化壓力的孩子也一樣不好受。如果你是情緒內爆型，老師和家長可能不會注意到你的問題。你其實感到困惑，或不知道該怎麼參與眼前的情境，別人卻覺得你只是害羞。情緒內爆型的孩童展現出憂鬱的徵兆，或有頭痛及腹痛的生理症狀，才會得到注意。儘管如此，成人也不一定了解小孩的症狀可能跟壓抑感覺有關係。

## 我們的反應從何而來

要了解行為模式，通常要考慮先天和後天的因素。你學到處理情緒反應的方法通常結合了繼承而來的東西，例如性格和遺傳基因，還有你接觸到的事物（Ochsner and Gross 2007）。父母對壓力和問題的反應絕對是一個線索，但他們回應你的方式也同樣有力。你從他們身上學到展現情緒的方法，以及對於表達和壓抑的價值觀，這些都是促成的因素。要學會改變個人獨有的風格，就必須先了解自己。不論是哭泣、發怒、退縮或變得極度悲觀，或許都有更好的方法來應對艱難的時刻。

## 並非強烈的感覺都是反應過度

感覺很強烈的時候，不一定是反應過度的徵兆。能和感覺的世界連結，人生也有了深度，變得豐富。在某些情況下，強烈的情緒不僅恰當，說不定還有幫助。通常，感覺代表有問題出現，需要處理。想建立緩衝來抑制察覺到的情緒，通常只會帶來負面效果，讓我們無法享受快樂的時刻。最好能努力讓自己活出情緒豐富的生活，感受完全的投入。但是有時候，因不完全了解的理由，我們的情緒起伏很大，也可能不適合當時的情況。

例如，遭受重大損失時，我們會覺得悲傷。但有些人習於把小事放大到不成比例，經驗的情緒強度就像碰到真實的災難。失去孩子對父母親來說是很可怕的體驗，一般會伴隨著極度的傷心、悲慟、難過和憤怒。而你參與或支持的隊伍輸了一場重要的比賽則稱不上悲劇。但是，如果隊伍在延長賽後依然輸掉了比賽，有些人會消沉不已，或勃然大怒。

要切實了解適當的感覺及情緒反應過度之間的差異，必須考慮我們身心經歷的步驟，連結思考及感覺。有些人會快速做出評估，突然就被極端的情緒壓倒了。情緒外爆型會發洩出來，姿態很強硬，但不確認他的感知是否正確。情緒內爆型則會發現自己無法承受激發出來的情緒，自我封閉，彷彿真的碰到最糟的情況。在反應過度時，情境內的某樣東西激發出緊張的情緒，透過對事件的狹隘解讀，讓人很快就出現未經思慮的回應。

在下一章，我會詳細解釋劇烈的情緒與劇烈的感覺之間有什麼重要的差別。儘管你可能沒有察覺，但大腦的各個部位會共同運作，幫我們了解周遭的世界。思考和感覺的部位協調無間的時候，我們會詳加思考，使用所有的資訊。然而，某些情境會激起直覺的情緒回應，這就來自神經功能的短路。在那一刻，大腦中思考和情緒的部位互不連結，我們無法讀取自己所有的記憶和實用知識。我稱這種反應「未經處理」，因為是「生的」，不經反思或自覺就出現了。

我們都很熟悉未經處理的情緒，因為這樣的情緒源自兒童期，因應機制比較少。通常，光是體驗到這樣的情緒強度，就會令人焦慮，你的經驗也變得更複雜、更嚴重。即使學到了更多處理某些情緒的適當回應，大腦的邏輯部位在那一刻卻不能提供協助。

要辨別出反應過度，重點不是經驗的強度，而是處理經驗的方式。觸發點和回應之間或許是一條直線，但我們卻忘了最重要的東西——合理的反思。

## 反應過度的三個成分

所有的反應過度都有三個成分：觸發危險感的事件、牽涉到情緒及生理狀態的立即回應，以及對隨之開展事件的解讀，而且解讀可能會因為我們的自衛機制和情緒記憶而有些扭曲。針對每個面向的確切結果和責任，世界各地的研究人員各有想法（Lewis 2005b），但大家都同意，這些元素會幾乎同時彼此影響。我們看待情境的方式對我們的生理和情緒反應有深遠的效應；但在那一刻，我們的生理和心理健康，以及我們既有的信念，也會深刻影響我們看待事情的觀點。過去十年來，數百項已公開的研究結果讓我們看到，不同的元素會為事件附加實際意義及情緒意義。來自不同背景的心理治療師，都認真鑽研人類領悟和調節情緒反應的方法。關於情緒調節的這些新資訊帶來了最先進的策略，可以幫讀者了解和改變反應過度。

## 反應過度的後果

你多久發一次脾氣，破口大罵或肢體攻擊他人？有多少次你覺得無所適從，只能定住不動，或覺得快昏倒了？你是否有過這種反應，因為絕望和無望而感到什麼都做不了？如果不花一點時間平靜下來，用經過深思的方法面對情況，我們的回應通常會造成更多的問題。情緒反應過度常會讓我們跟周圍的人感受到同樣的痛苦。問題可能看似無法解決，人際關係可能看似無用。淒慘的時刻可能會延續好幾天，直到心裡某個東西不知怎地轉變了，解除身上的魔咒。

不論你是情緒外爆型、內爆型，或是兩者兼具，都要面對後果。感覺提供的資訊對我們的健康非常重要。每次察覺到生命中的問題，就有解決的機會。了解感覺，就能更了解在特定情況下的自己，以及其他參與其中的人。相反地，未經深思熟慮的反應會讓人無法利用資訊，阻撓學習。抵擋不住反應過度的時候，我們會遭到嚴重的打擊，也抓不住實際上可能有用的重點。最後，經驗一再重複，什麼也沒學到。

在下面的例子裡，故事的主角體驗到情緒反應，但沒察覺到實際的情況。回應的方法雖然不同，但事後都滿心懊悔。他們想平息罪惡感，卻強化了一開始就讓他們不知所措的模式。

## 寶拉的故事

打開最新的銀行對帳單，寶拉覺得很驚慌。她知道，自己最近常用轉帳卡，但她真的很努力在減少花費。她現在都不去公司附近的高級咖啡廳享受晨間的卡布奇諾，而是從辦公室的販賣機買咖啡。她換掉昂貴的面霜，改從藥妝店補貨，送修了兩雙鞋，而不是丟掉買新的。女兒卡拉隨口提起，她要八十美元，跟同學一起租豪華轎車，搭去中學的舞會，看上的漂亮禮服也只要兩百美元，寶拉一聽就氣瘋了。她對卡拉大叫，兩百塊不是一筆小錢，如果禮服「只要」兩百美元，她應該自己想辦法。

## 安迪的故事

安迪有三個檔案要清理，至少要回二十通電話。最近的業務不好做。就在昨天，他上個月提出的企劃遭到拒絕。思索著他應該改變什麼才能贏得這筆生意的時候，他發現他想批評自己的訂價，懷疑他沒有能力做好這件事。看到手機上未回覆的訊息，他受不了了。他嘆口氣，看著電腦螢幕，只希望接下來幾天都能請假。瞥了一眼左手邊的手機，跟滑鼠墊旁邊快爆開的資料夾，他按開接龍遊戲，一整個上午就這樣混過去了。

## 後果

寶拉跟安迪都沒察覺到導致反應過度的觸發點。跟女兒大發脾氣後，寶拉滿心懊悔。過去這一年，卡拉幫了很多忙，寶拉一直希望能讓這場舞會變成特殊的獎勵。寶拉的弟弟有過動症，父母一直在照顧他的特別需求，能留給她的精力不多，寶拉因此心中憤恨不平。他們似乎覺得她的好行為和優秀成績都是理所當然，吝於給她禮物或讚美。從進高中開始，寶拉就努力工作，給自己買些小東西當作獎賞。卡拉出生後，她就發誓要盡一切努力讓女兒知道自己有多受重視。寶拉負起所有的責任，當個盡職的母親，想給卡拉自己在青少年時期渴望的各種享受。如果女兒現在覺得這些都是理所當然，那就是寶拉自己的錯誤。

對女兒發了一頓脾氣後，寶拉心裡充滿罪惡感。向女兒道歉時，她一衝動就說要買新鞋子給卡拉，搭配舞會的禮服。為了平息罪惡感，寶拉的做法只讓自己更有財務壓力，最後只能犧牲自己的幾項奢侈品，但之前她靠著這些奢侈品才能壓制被剝削的感覺。

同樣地，安迪後悔了，他在工作時打電動，浪費掉寶貴的時間。他無法向自己說清楚為什麼那天不專心做該做的工作，下班時覺得更沮喪，更不知道該怎麼辦。安迪從來沒有覺得這麼疲憊，這麼雜亂無章。他以前談定了很多交易，充滿創意和動力的簡報頗受讚美。現在，他覺得老了，被別人趕過去了。他不想向受挫的感覺投降，因為他覺得投降了，他就變得跟他父親一樣。安迪的父親與母親離婚後，就搬到美國的另一邊，雖然偶爾會通話，但他們很少見面。父親的工作換了又換，最後得了慢性疾病，從此失業在家，變得一貧如洗。失意的一天激起了他對失敗的恐懼，但不肯處理這種恐懼的結果卻讓他擔心自己失去工作能力。用逃避來應付，只讓他最恐懼的事情更有可能實現。

## 反應過度之後

在不知不覺中，導致反應過度的問題會帶來反應過度、懊悔、補償及重新燃起煩惱的循環。如果心中充滿罪惡感，後悔反應過度，只會雪上加霜。如果寶拉跟安迪可以察覺到一開始的情緒反應跟觸發的環境有關，結果會很不一樣。要是他們能辨別自己的感覺狀態，找出舊有的情緒記憶助長了不適的感覺。察覺的第一步是培養幫他們處理情緒的技巧。

**章末練習：你知道自己的風格嗎？**

要管理反應，必須先學到你是哪種風格。在這一篇，我會幫讀者認識自己習慣的反應方式。思考下列的問題：

- 有人對你大發脾氣時，你習慣退縮嗎？
- 認識你的人是否認為你是一個講邏輯的人？
- 生活中的壓力愈來愈大的時候，你會容易感到疲憊或生病嗎？
- 別人問你有什麼感覺的時候，你會描述事件的資訊，而不是敘述你的情緒經驗？

■ 你會不會常常失神，或逃避到幻想裡？

如果大多數的答案是肯定的，很有可能你屬於情緒內爆型。

現在思考下列問題：

■ 你是否常常大發脾氣，為了當下看似很重要的問題爭辯不休，但幾個星期後就忘了吵什麼？

■ 如果你覺得某人的行為不當，是否會說出心裡話？

■ 面對別人的挑釁，你是否覺得煩心，會正面反抗？

■ 在路上，另一台車搶到你前面，你會不會想辦法追上去或開始咒罵？

■ 有沒有人說過你太情緒化？

如果大多數的答案是肯定的，很有可能你屬於情緒外爆型。

在我認識的人裡面，沒有人能永遠保持平靜，確實察覺到帶來困擾的事物。但如果你在消化情緒前就發洩出來，或如果逃避情緒，不想辦法了解，你就有可能會後悔自己處理問題的方法。

第二章

# 處理情緒

過去十年來，專家學者做了很多關於大腦的研究。心理健康專家多年來在研究個性及處事風格時，一直很納悶先天與後天的問題。今日，我們已經更清楚遺傳與養育會怎麼影響你處理情緒的方法（Cozolino 2002; Kandel 1998, 1999）。想要學會怎麼控制你的回應，你應該用心了解大腦內發生了什麼事，會讓你反應過度。

## 大腦的運作

透過精密的研究設備，社會科學家和神經科學家更了解大腦的各個部位在處理情緒時的貢獻（Lewis 2005a; Phelps and LeDoux 2005）。在爆發或封閉的時候，如果你在實驗室裡，技術人員就可以給你看大腦的影像，顯露反應過度之前和反應過度的時候大腦裡是什麼情況。你會看到大腦裡作用的部位，同樣重要的還有連結大腦不同部位的神經路徑（神經迴路）。未受過訓練的人可能覺得大腦掃描看起來像一幅藝術作品，但透過科技進展，治療師能用全新的方法來探索情緒失常。

## 左腦和右腦

艾倫．休爾（Alan Schore）博士（2003a）是這個領域的領袖，他彙總了大腦中負責感覺和思考的部位。左腦主要負責我們需要的思考技能。右腦，尤其是右前葉，則是情緒狀態及情感體驗所在。位於右腦的杏仁核受到太多刺激，就可能造成反應過度（Rauch, Shin, and Wright 2003）。杏仁核開始作用時，會啟動一連串的事件。最重要的就是製造正腎上腺素及神經激素，造成刺激升高的狀態。這個過程在一瞬間完成，你或許根本不會注意到體內的變化。

在這種高度刺激的狀態，你受到刺激，會用人類基因中固有的方式回應。瑞克．韓森（Rick Hanson）博士及理查．曼度斯（Richard Mendius）博士（2009）解釋，我們在大腦不同的部位中處理資訊。杏仁核會讓身體準備好加速，因此所有可用的精力在有需要的時候都會用於打鬥或逃跑。大腦的各個部位接著一起運作，搜集資訊，幫我們決定最好的行動計畫。然而，這需要大腦的不同部位能快速溝通，有效安撫，避免浪費精力。不巧的是，要做出最好的決定，大腦要花更長的時間來讀取已經獲得的知識，在已經獲得的智慧與察覺到的危險之間，負責協調的途徑在互動時不一定能邁向深思熟慮的評估（LaBar and Cabeza 2006）。在某些情況下，則會跳過左腦中調節更高層次推理的部位。碰到這種情況，我們只能準備打鬥或逃跑，但無法提取資訊，幫我們做出更有用的結論。

## 思考與感覺

精神病學家研究人類回應相似創傷時發現，神經迴路非常重要，尤其是左腦和右腦之間的連結。應付相當不錯的人與反應過度的人之間，最重要的差別就是與思緒和感覺連結的能力。連結左腦和右腦的迴路愈強，你愈能容忍和打散劇烈的情緒（D. J. Siegel 1999）。

約翰．高特曼（John Gottman）博士（1998）研究衝突中的伴侶時發現，杏仁核發熱時，很難整合理性的想法。因此認定婚姻充滿衝突的配偶很容易因受到刺激而開始爭吵。他們一下子就火冒三丈，駁斥或抵制彼此的看法。可想而知，在他們爭吵時做的實驗室測試證實，皮質類固醇的濃度很高，代表牽連到杏仁核。爭吵被打斷後，花點時間冷靜下來，他們的壓力激素跟其他生理標記會回到正常程度。這時，其中一方才能真正了解另一方在吵架時想說什麼。在高度刺激的狀態下，我們無法注意到新資訊，也無法先思考再溝通。

覺得壓力很大的時候，右腦負責控制，我們就無法了解本質上很重要的資訊（Gohm 2003）。刺激和焦慮平息後，我們才能收錄及整合早先無法處理的想法。通常這些資訊會讓我們重新思考之前匆促的假設，修改我們的結論。左腦和右腦之間的連結愈強，我們愈能留住情緒的體驗，好好反思，最後回應的方式才有可能對每個人都有利。

## 情緒或感覺

精密的腦部造影技術也幫研究人員了解情緒與感覺之間的神經性差異。莫娜．費許龐（Mona Fishbane）博士（2007）認為，兩者之間的差異非常重要。情緒出現在右腦，跟人的年齡、種族或教育程度沒有關係。這些基本的情緒包括快樂、難過、憤怒、厭惡和恐懼。相反地，當腦部思考（左）和情緒（右）的部位合作時，會產生感覺，到達對情緒經驗的理解。左腦和右腦間的強大神經路徑幫我們更清楚察覺到自己的感覺世界，以及他人的感覺（Schore 2003b; D. J. Siegel 2003）。

舉例來說，憤怒是一種情緒，可能產生的情況有好幾種。如果小孩不聽話、老闆下班前才要求你加班、路上有人超車，或你開了二十分鐘的車回到家以後才發現餐廳的收銀員把別人的外帶拿給你了，都有可能生氣。情緒是憤怒，但每種情況中的感覺可能完全不一樣。小孩忽視你的權威，你可能會覺得憤恨，你現在要當壞人，來處罰小孩。如果你的爸媽嚴格過了頭，所以你發誓要當小孩的朋友，而不是權威人士，可能會產生更強的憤恨。如果老闆要你加班，你可能會覺得無助，嫉妒早就下班、不能分擔工作的同事。路上碰到別人超車，你可能會覺得遭到蔑視，彷彿自己很渺小，不重要。你可能會想到之前碰過的情況，別人覺得你不會保護自己，拿走本來要給你的東西。打開外帶才發現不是自己點的東西，你可能會因為收銀員沒把工作做好而勃然大怒。你可能會發現，你對自身表現的標準跟別人一樣，放得非常高，你無法容忍別人的低級錯誤。在表面上，這些情況造成憤怒的情緒；在看不見的地方，則產生了憤恨、嫉妒、無價值、失去控制的感覺。

## 自覺

說到自覺，涉及到的能力範圍很廣。在某一端似乎能輕鬆給出各種的回應。他們可以辨別幾十種不同的感覺狀態，甚至能分類組合在一起的不同感覺。在另一端的人似乎完全察覺不到感覺狀態，只會收錄事實。他們或許有強烈的情緒反應，但要描述或注意事件前或事件中的感受時，卻無能為力。他們可以說出心裡在想什麼，但不能描述感覺。

同樣地，這些差異似乎來自大腦不同部位之間的連結。研究人員已經識別出幫我們連結情緒反應，及工作記憶和語言的腦部處理程序（Viamontes and Beitman 2006）。也有研究人員檢驗過其他神經迴路，連結的大腦部位會根據情緒產生衝動，以及儲存我們賴以做出健全決定的工作記憶（LaBar and Cabeza 2006）。無法思考情緒回應對未來會帶來什麼衝擊的話，我們就失去了判斷能力。

大腦的特定部位無法處理杏仁核產生的衝動時，會造成很多令人深深懊悔的匆忙行動。然而，我們可以強化必須的連結，辨認、識別和權衡後果的能力就可以更順利地合作。

## 狄倫的故事

狄倫一直覺得自己挺樂天的。說老實話，他的朋友大多數也有同感。他會第一個講笑話，也很懂得怎麼逗笑其他人。朋友抱怨工作或健康上的小問題的時候，狄倫知道該說什麼，幫他們找到幽默的一面，轉換心情。但有兩個例外，高爾夫球和教養子女。狄倫的高爾夫球打得很棒，常面帶笑容打完一輪。但是，如果有一桿搞砸了，或者打不出沙坑，他會大聲咒罵，讓身旁的人渾身不自在。如果連續幾桿沒打好，他會亂丟球桿，有一次甚至把整個球袋丟進小溪裡。回到家，他更愛發脾氣。如果小孩不聽話，他會大吼大叫，威脅不給他們這個或那個。有一次，他出手打了十歲的兒子，之後便開始接受治療。還好兒子躲過了他的拳頭，不然就要受重傷了。狄倫的太太說，如果他不馬上去接受治療，她要報警，還要找兒童保護服務。

接受治療時，狄倫說，他根本就不知道自己怎麼了。他宣稱，他非常平靜，下一分鐘卻非常生氣，渾身顫抖。他會滿臉通紅，想到什麼就做什麼。我告訴他要注意身體不同的部位，可以學會怎麼衡量怒氣，即使憤怒迅速升高，也可以注意自己的胃部、脖子及喉嚨在怒氣一出現時的感覺，狄倫聽了很驚訝。我觀察到，在狄倫覺得無能為力的情境中，似乎反應特別劇烈，也勾起他的好奇心。兒子的違抗讓他覺得自己無法掌控孩子的行為，以後不會聽他的話。覺得沒有價值，且無法修正情況，都是重要的觸發點，會宣洩出強大的童年回憶。

儘管狄倫一開始時失控了，不知怒氣從何而來，也不知道自己為何發脾氣，但他記得小時候他爸爸常亂發脾氣，他只能逃開。狄倫了解，敏感的回憶會讓他放大事件的意義，之後，如果感覺到無力或不受重視的時候，他也學到要提高警覺。此外，他也能辨認出浮現的怒氣，學會先抽離狀況，讓自己冷靜下來，切割當下的體驗與造成反應過度的情緒記憶，更理性地判斷做法。

## 處理情緒

你或許跟很多人一樣，想學會怎麼了解和管理自己的感覺。首先，當然可以讀書或看文章，來吸收資訊，但光是閱讀，很難立刻看到結果。為什麼？跟其他儲存在記憶庫裡的東西一樣，一旦杏仁核佔了上風，就會直接略過最重要的資訊。研究顯示，強烈的情緒觸發後，處理和留存資訊的大腦部位可能無法運作（Cyders and Smith 2008; Ochsner and

Gross 2007）。即使學到了可能有用的新資訊，在反應過度時也不會拿來用，除非你先讓自己冷靜下來。在情緒高漲時，只有在大腦內的迴路讓情緒部位和資訊部位彼此聯絡，才可能有自覺。

## 父母對神經路徑的影響

可想而知，有助於創造最佳神經路徑的處理程序一直是治療師最有興趣的題目。父母回應小孩情緒困擾的方式似乎特別重要。另一個重要的元素則是安全感，可以幫孩童培養大腦思考和感覺的部位之間的路徑（Cicchetti and Tucker 1994; deZulueta 2006）。該回應時就有能回應的父母會安撫孩子，給他們品質穩定的家庭生活，讓他們信任照顧自己的人，相反地，有些孩子在需要安撫時卻得不到回應或招來批評；前者應該比後者更能應付令人憂慮的狀況。

爸媽如果能幫孩子恢復平靜，而不是過度焦慮和憂心忡忡，也能為孩子建立明顯的優勢。在解決問題的過程中，孩童感覺得到保護，有人陪伴，就能產生信任感和安全感。理想的親代回應讓孩子可以暢談問題，說出感覺，不必擔心會得到爸媽的回絕，或被爸媽的回應壓垮。用焦慮不安回應孩子的父母，只會加深孩子的緊張，認為感覺不可靠。爸媽不該吸收孩子的情緒狀態，而是要安撫孩子，幫他們釐清感覺、恐懼，找出解決之道（D. J. Siegel and Hartzell 2003）。

## 布蘭達的故事

跟布蘭達合作後，我很擔心她的健康。去年，她得了好幾次感染性疾病，常常頭痛欲裂，有一次因為背部痙攣在床躺一星期。身材細瘦的她腸胃常常出毛病，而且有腸躁症。她有兩個小孩還沒上小學，一個十歲的孩子則有妥瑞氏症，生活壓力很大。沒過多久，我發現她也有財務跟婚姻問題。布蘭達可以傾訴的朋友其實不少，但她多半把感覺藏在心裡。

我問布蘭達她爸媽是什麼樣的人，在她小時候有沒有幫她處理過壓力。原來，布蘭達的媽媽只要是女兒的事，什麼都要管。如果布蘭達向母親提起，她被老師懲罰，或朋友的派對沒請她，媽媽的反應就像是她不該被罵或被人排擠。她的母親不會回應女兒的感覺，而是開始發脾氣咒罵，威脅著要採取各種輕率的舉動，讓布蘭達很害怕。母親的激動會持續好幾個小時，直到地位互換，換成布蘭達來安撫母親。這些經驗告訴布蘭達，傾吐感覺會帶來煩惱，不如不要說。她必須照顧母親的情緒，害怕自己的感覺會引發更嚴重的問題，因此她認定不要把感覺告訴別人比較好。

## 封閉

遺傳基因、性情和情境因素，都會影響孩童體驗到的苦惱程度。但處於焦慮或抗議狀態且無法得到安撫的孩子，只會一直留在極度苦惱的狀態裡。情緒劇烈的程度遲早會升高成無法承受的生理緊張，導致孩子自我封閉（Krystal 1988; van der Kolk, McFarlane, and Weisaeth 1996）。自我麻痺或將壓力置之不理的過程，基本上是立即求得心理生存的策略，但會創造神經迴路來阻擋思緒及感覺的整合。

## 南西的故事

南西是家裡最小的孩子，爸媽的婚姻很淒慘。南西出生前，爸媽就分房睡，母親滿心怨恨，一生困在一個她再也不尊重的丈夫身邊，孩子似乎也不感激她的付出。小時候，南西多半獨自一人，只顧自己的爸媽很少給她安慰。她學會照顧自己，把注意力放在她能控制的事物上。

南西的學業和運動表現都很優秀，也有一小群興趣相投的朋友。她喜歡找很多事來做，對沉溺在自憐中的人沒什麼耐心。她很少找人幫忙，很自豪能夠自給自足。接受男友求婚後的第二天，她的世界差點分崩離析。為了緩解緊張，他向她坦承，雖然他們承諾過在性關係上要忠於彼此，但他跟前女友仍有肉體關係。南西一時之間差點昏過去，但她不發一語。暈眩的感覺過去後，她決定找密友談談。朋友聽了南西描述的事實，很驚訝南西一點也不生氣，也沒有流淚。南西用邏輯來處理這個情況，看似冷漠算計，完全不靠感覺。

朋友問她覺得怎麼樣，南西用一貫平靜鎮定的態度說，她認為他們應該繼續準備婚禮事宜。她把焦點放在男友的坦白上，既然他選擇承認不忠，那麼其實沒什麼大問題。接下來的幾個月，南西發覺，只要讓自己忙得團團轉，就可以擋住不時浮現的痛苦，保持樂觀，相信未來會更好。

南西是情緒內爆型。她會壓抑情緒，不會顯現出來。聽到男友不忠時，她滿心焦慮。然而，她選擇完全封閉感覺，不去了解那個頭暈目眩的反應是個信號，代表強烈的情緒。

朋友問她覺得怎麼樣，她只陳述自己心目中的事實。因為，在她從小學習的經驗中，沒有自憐或自我懷疑的空間，她把資訊重新包裝，讓自己覺得安全，能控制情況。接下來，她會看到自己掩飾了原本該深思處理的資訊。封閉之後，她會誤以為一切都在掌控之中，但是要付出很高的代價。麻痺會減弱情緒，讓我們不去解決需要處理的問題。儘管情緒內爆看起來破壞力不如情緒崩解，但思想和感覺之間仍有類似的斷裂，讓我們無法好好處理及回應狀況。

## 創造選項

能處理感覺，才能了解自己，懂得別人的感覺，產生同理心。就算你在成長的環境中體驗不到情緒的協調，但培養出新的神經路徑永不嫌遲。不管你現在幾歲，有什麼樣的童年體驗，你都可以建立新的機制，來處理情緒。只要能和別人談論情緒的經驗，這個人在乎你的想法，也能從各種觀點探查情緒高漲的情境，你就可以在左腦和右腦之間培養出新的迴路（D. J. Siegel 1999）。

強化由上而下的連結，也可以創造重要的路徑。神經科學的研究結果顯示，衝動且不連貫的回應來自大腦下方的區域（Cyders and Smith 2008）。問自己想看到什麼樣的結果，在貯存的記憶中搜尋我們學到的教訓，可以啟動大腦上方的區域，這裡負責規劃和執行複雜的策略（Farmer 2009）。左腦和右腦以及腦部上下的區域之間的網路，可以透過練習加以強化。懂了這個道理，你就知道現在還來得及學會怎麼調適和容忍感覺。這應該是近幾十年來最具展望的一項新發展，也可以幫你學會了解及克服反應過度。

## 發展情商

每個人都有不同的情緒舒適圈。情緒高漲時，我們或許會無所適從，第一個反應就是逃離，例如麻痺、封閉、想辦法分心，或用怒氣加以驅散。然而，辨別和界定情緒的過程可以啟動左腦和右腦之間的迴路，指出正確的方向。

很多心理學家建議，學會應付感覺後，要更明白怎麼處理。我合作的對象有很多聰明的成功人士，他們學會透過分析問題的技巧來生存，但過度仰賴思考的人多半不懂得信任感覺。不結合感覺的理性態度不會讓你快樂或滿足，還常常帶來人際關係的問題。

我向案主解釋，他們用來思考問題的時間可以比喻成培養爬山和通過山區的專業技能。有些人成為熟練的登山者，買了靴子、繩子和冰斧，邁向頂尖高手。但在這個比喻中，感覺的世界就像水，他們必須學會游泳。登山配備無法幫他們游過去——還有可能拖後腿。

學會游泳需要新的技能，也要相信自己能學會。體驗情緒或許會讓人覺得不舒服，但這種不舒服一下子就過去了，也不太可能帶來傷害。如果小時候有過情緒失措的經驗，在情緒開始翻攪時，你可能會自動變得很焦慮。但花一些時間學會辨認和探索感覺的世界，發現自己情緒高升時，不自在的感覺會減弱，好奇心則會增加。

要學會如何容忍感覺，必須先學會辨認感覺。我把感覺狀態分門別類，幫你深入探索，擴大覺察力。

覺得「生氣」時，可能也覺得：害怕／惱火／焦慮／困擾／震驚／遭到背叛／怨恨／壞脾氣／失望／厭惡／惱怒／受挫／無助／有敵意／惱怒／嫉妒／失意／緊張／生氣／悲觀／激怒／排斥／盛怒／緊張／凶惡。

覺得「快樂」時，可能也覺得：有成就感／愉快／入迷／開心／高興／激動／熱切／興奮／愉悅／喜樂／歡欣／驕傲／得到認可。

覺得「滿足」時，可能也覺得：感激／平靜／幸運／沉思／放鬆／安心。

覺得「受傷」時，可能也覺得：受到欺騙／挫敗／遭到剝削／遭到拋棄／不被看重／被遺忘／受辱／孤立／寂寞／被忽視／被迫害／受到輕視／受人忽視／生氣。

覺得「不夠格」時，可能也覺得：不被看重／無助／軟弱／低人一等／悲觀／無力／無用。

連結腦部迴路的第一步就是適應你的情緒世界。看到代表感覺的字眼，你會用智力理解，啟動左腦。要習慣感覺的世界，必須先收錄右腦中的生理和情緒經驗，才能明瞭特定時刻的感覺。認識自己的感覺是最基本的過程，很重要，讓你不再反應過度，我在這本書裡會給大家幾個練習。

仔細看看前面列出的感覺，好好看每一個字。問自己，你記不記得體驗某個感覺的時候。貝絲．賈伯斯博士（2004）建議寫日記來練習寫作，幫你熟悉自己放鬆時的各種感覺。賈伯斯博士也建議，為了擴展覺察和容忍度，在日記或筆記本裡把感覺整理出來，每次整理一種。她建議大家可以做一個練習，幫你了解感覺的遞增：集中精神在一種感覺上，寫下微微有那種感覺的時候。然後寫下那種感覺比較強烈的時候。最後，寫下那種感覺最為劇烈的時刻。有時候，我們要提醒自己，不是每一種感覺都會來到極端，即使在當下感覺很危險，我們也可以容忍到拉開安全距離為止。

賈伯斯博士還有另一個練習，可以幫你用新的方法去應對感覺，來習慣這些感覺。在情緒沒有起伏的時候，從前面的分門別類裡選擇一種你想要深入了解的感覺。為了提高你對那種感覺的覺察，問自己：如果是顏色的話，會是什麼顏色？如果是風景，會是什麼風景？如果是樂曲，會是什麼曲子？你或許還沒發覺，但你的感官和感覺世界已經有強大的連結。下一次看恐怖電影或電視節目時，碰到最懸疑的場景，記住背景的音樂。查看能讓你覺得放鬆或恢復活力的芳香療法或沐浴產品，了解它們的味道。我們的感官和感覺世界可以互通訊息。

花一點時間去認識前面分門別類的感覺，你就完成重要的第一步，開始學習在感覺世界的海洋中游泳。再也不怕水以後，你學會放鬆跟享受，而不是掙扎著留在水面上。與其努力讓雙眼盯著熟悉的山頂，繼續避開下水，反而會發覺在水中的美好和奇妙。

## 發展身心覺察

很多人都沒想到我們的心智和身體有多麼緊密。深刻的情緒回應會伴隨著身體不同部位經驗到的壓力激素。我們的肌肉、消化道、循環系統和中樞神經系統，都有不同的方法去「認識」及回應不同的感覺。有時候，事件激起強烈的情緒反應，第一個徵兆就是生理的變化。

最後的目標是學會注意在你體驗不同情緒時身體的細微反應。情緒回應出現時鮮少來到最高的強度，儘管表面上看起來好像很強。如果你知道怎麼解讀自己的雷達圖，通常會有躁動和生理變化警告你暴風將至。

特別注意伴隨特定感覺的各種生理感受，你就開啟了新的資訊世界。學習辨別和描述感覺聽起來或許很簡單，但其實不容易，對個人整體的情緒健康也非常重要。這些資訊會幫你用全新的方式面對困難的時刻——這個方式可以幫你避開反應過度。

**章末練習：同理心看別人的感受**

學習巡航感覺的世界，可能既嚇人又迷人。這些練習設計幫助讀者更熟悉感覺。你只要多加練習，就會更自在。

## 第一個練習：身體掃描

掃描身體的資訊是一種很重要的技能，可以幫你識別浮現出來的情緒回應和感覺。在你學習注意及解讀生命中的生理、思考及感覺元素時，也能強化腦部的迴路。

■ 第一部分

找一個不容易被分散注意力的地方坐下或躺下，全身放鬆。閉上眼睛，把注意力集中在身體的各個部位。

問自己是否察覺到緊繃的地方。有沒有哪裡的肌肉很緊或不舒服？心跳有多快？脖子或胸口覺得緊繃嗎？思索雙手的感覺。指頭握緊了還是打開？掌心出汗？還是乾燥？腸胃有什麼感覺？感覺會出現在身體上，也會出現在心裡。你知道放鬆時身體是什麼狀態的話，就能注意到自己在壓力下或情緒混亂時的變化。

■ 第二部分

回頭看本章前面列出的感覺。選一個你想更了解的感覺。回憶起曾讓你有這種感覺的實際經驗。花一兩分鐘盡可能記起所有的細節，直到你開始感受到那種情緒，彷彿回到當時的體驗。現在，再掃描身體一次。用練習第一部分的問題問自己：在這個特殊的情緒狀態，身體感覺怎麼樣？思索身體不同部位帶有的緊張。如果覺得不舒服，你覺得在哪裡最明顯？如果覺得好多了，身體部位也覺得好多了嗎？特別注意伴隨特定感覺的各種生理感受，你就開啟了新的資訊世界。

■ 第三部分

現在，試試引導下的掃描。困難的情境可能會帶來不愉快的情緒和生理反應，同樣地，身體和感覺也會收錄極佳的經驗。重溫這些經驗的時候，我們的記憶會重新創造當時體驗到的心情和生理狀態。在這個練習裡，我要你回想你覺得很快樂或很安全的一段時間。你為這個練習選擇的回憶可能來自度假的時候，或身邊有愛你或保護過你的人。想想發生了什麼讓你最開心的事。你看到了什麼？你聽見了什麼？記不記得特殊的味道？試著回到那個時候，找回所有感官的細節。你會發現，花幾分鐘思考特定回憶的細節後，在這段正面的情緒記憶影響下，你的身體和心情都出現改變。再做一次身體掃描，注意這段記憶給你的影響。

如果你把自己跟感覺的世界切割開來，你就被剝奪了感覺的療效和修復力。學會把正面的經驗收錄到心裡和身體裡，即使辨別不出累積了什麼壓力，我們也能培養出解除壓力的方法。學會用所有的感官記住美好的時刻，就可以創造正面體驗的倉庫，為自己添加燃料，度過困難的時刻。如果敞開心胸接受正面的感覺，例如喜樂、驕傲、感恩、自在和愛意，你就更融入能為你增添幸福的時刻（Fosha 2000）。

**第二個練習：連結**

每次能跟另一個人分享重要經驗的時候，你就有機會強化左腦和右腦之間的連結。這個練習需要一個了解目標且願意陪你實驗的夥伴。最好能面對面交談，不過透過電話也可以。如果目前想不到可靠的夥伴，可以看看我在練習後面的評論，考慮加入支持團體。

■ 第一部分

你現在要跟夥伴合作，建立同理心。請夥伴聊一下最近有沒有什麼重要的事情——跟你或共同的好友或家人沒有直接的關係。在夥伴描述情境時，試著描繪她應該會感受到的情況。思索她在那個時刻的感覺。把自己放到她的立場上。夥伴講完故事後，試著辨認她可能體驗到的一兩種感覺。你們兩個可以決定是否要互相評論，也可以只謝謝夥伴的分享。

■ 第二部分

現在換你分享了。想一件最近發生在你身上的事，與夥伴沒有直接的關係，講給她聽。說話的時候，試著辨別你的感覺。結束後，夥伴可以評論她收錄的感受。記著，你的夥伴評論的是自己的感覺回應，可能處理故事的方法跟你不一樣。有些人很懂得怎麼反映他們接收到的感覺，有些人則發現他們會注意到自己的記憶和感覺。不論如何，夥伴都已經盡力了解你的故事，誠實地回覆。就算她沒有完全了解你的經驗，這個練習最重要的是給你機會，讓你把思緒和感覺一起放進對話裡。如果你做得到，夥伴的回覆只是錦上添花。如果你不覺得她的回覆對照了你的敘述，也該感謝她的協助。每次暫停說話，連結想法和感覺的時候，你就敞開了，也強化了連結大腦不同部位的通道。在能夠感到激勵及支持的氛圍中做這件事，你就能愈來愈自在地談論自己的感覺。

這個練習也適合團體，支持有類似經驗的人。跟同事以外的人或不熟悉的人一起探索情緒領域，其實有好處。自助團體支持的對象有正在經歷關係轉換的人、適應新社群的人、照顧生病家人的人等等。有類似環境（例如控制病況或獨力扶養小孩）的人看別人怎樣應對類似的問題時，常常能從中獲益。對抗上癮及其他心理疾病（例如憂鬱症或強迫症）的人也可以找到支持團體。如果你從來沒冒過險，去支持團體消磨幾個小時，或許可以利用這個機會去試試看。讓自己同理別人的感受，並與了解你處境的人分享感受，可以幫你轉動腦部迴路，用新的方法來回應。

第三章
# 解讀事件

前面提過反應過度的三個成分：觸發讓人感到危險的事件、牽涉到情緒及生理狀態的立即回應，以及對隨之開展事件的解讀，可能會因為我們的自衛機制和情緒記憶而有些扭曲。有些人認為，思想和感覺的世界涇渭分明，其實不然。大腦習慣快速解讀時間，用到的假設和預期並不一定恰當。大多數人可以解釋對幾項事物的看法，但這些想法可能來自無異議的假設，我們卻不一定能了解。

## 你看得清楚嗎？

要了解默認信念的力量，我常用照相機和太陽眼鏡的透鏡來比喻。我們的信念會為我們觀看世界的透鏡加上某些色調。有時候，眼前的場景呈現的顏色可能來自透鏡，而不是真正的風景。我們的信念也可能放大或縮小主題，讓我們相信事物比實際上更遠或更近。碰到這種情況，我們需要注意的某樣東西可能會融入背景，結果我們把過多的注意力放在相對來說不重要的東西上。然而，跟太陽眼鏡或照相機不一樣的是，信念產生的濾鏡會悄悄就定位，所以我們根本不知道濾鏡的存在。

對自己及周遭眾人的信念也跟記憶系統有密切關係，其中貯存了過去的事件，以及在事件發生時經驗到的感受。生活要求我們快速回應情境，我們也很少花時間質疑哪些記憶或信念可能會影響我們解讀某個事件的方法。事實上，我們的心裡常常在翻查貯存的資訊，查找已經獲得的知識，幫我們解讀特定的時刻（Lewis and Todd 2007）。

透過腦部影像設備，研究人員更明白我們用哪些大腦部位來處理人際關係。儘管面對情境時可能只用幾秒鐘就做出反應，但牽涉到的大腦區域有好幾個。涉及非語言行為或推理的情境其實很複雜，要依賴腦部的好幾個部位，而不光是解碼語言的部位（Ochsner and Gross 2007）。我們的長期記憶儲存在大腦的另一個地方，常用來幫我們釐清在家和在辦公室的人際關係。大腦不同部位間需要的連結愈多，愈可能出錯（Compton 2003; Grawe 2006）。無可避免的是，我們一定要把注意力放在某些面向，暫不考慮其他的面向。

## 復甦的信念

情境如果觸發了我們不明白的強烈情緒，這時就有問題了。碰到這種情況，跟當前事件有相同情緒特點的舊有經驗會回流，幫我們快速了解發生了什麼事。在大多數情況下，這對我們有好處，讓我們用到已經獲取的智慧。被激起的信念如果不完全適用於當前的時刻，就有問題了。

信念和舊有經驗會滲入當下，力道極強。一旦找到與當前體驗的情緒有共鳴的記憶，我們會自動接受引導，把注意力放在類似的地方，用我們的經驗去預測接下來可能發生的事情。工作記憶會引導我們把注意力放在可能最有用的資訊上，所以大腦會突顯情境的某些面向，同時隱藏其他面向。就像眼鏡的鏡片，我們的信念有可能銳化我們的理解，增加清晰度。但不完全切合當前情境的信念可能會扭曲我們看到的東西，讓我們看到的景象不符合真實或變得模糊。在大多數情況下，我們甚至沒發覺自己戴著這樣的眼鏡，用激烈的方式塑造我們對周圍世界的理解和解讀。

## 基模

我們解讀和回應周遭世界的方式是一個很廣闊的研究領域。亞倫．貝克（Aaron Beck）博士（1976）和馬蒂．霍洛維茨（Mardi Horowitz）博士（1991）率先提出的概念可以幫我們了解這個過程。最有幫助的就是基模（schema）的概念，指我們把意義附加到事件上的方法。「基模」是儲存和組織資訊的心智圖，獲得的知識可以用來快速解讀當前的事件。舉例來說，大多數人知道，如果我們注意到後方的車頂上有紅色的閃光燈，我們應該把車停到路邊，如果警察要我們回答問題，我們的口氣要帶著尊重。

認知心理學也會探索根據舊有關係的基模在現時所扮演的角色（Benjamin and Friedrich 1991; Young, Klosko, and Weishaar 2003）。或許，你在事發時沒有感覺，但你預期會受到的對待和情境展開的方式，都受到多年前經驗的影響。在親密關係中尤其明顯，家庭的感受很容易喚起親代和子代之間存在的基模。例如，如果爸媽給你受人看重的感覺，你會期待親密伴侶也看重你。

然而，為了充分了解基模的力量，你必須考慮在貯存的事件中所體驗到的情緒。如果爸媽強調讀書和在學校拿好成績的重要性，跟其他對你期待很高的人相處時，你或許會覺得自在。然而，基模有可能喚起兩種不同且相斥的期待和感受：如果期待很高的爸媽讚美你，因為你好好讀書，考得很好，你關於符合期待的基模很有可能包含驕傲和成就感。但是，如果考試比你想像的更難，不好的成績可能會通往很不一樣的基模。無法達成爸媽的期待，會造成含有強烈羞恥感的基模，懷疑自己不夠好，永遠不能討好爸媽。兩種基模中的情境都是孩子受到父母的評斷，但信念及情緒記憶完全不一樣。在學校成績良好而得到讚美、卻因表現不佳遭到拒絕，或管教的孩子可能會自豪他的智力，但也會非常敏感他人是否暗示他沒有做到最好。對他來說，沒有百分之百成功可能會產生強烈的羞恥感或自我憎恨。

## 情緒激昂的信念

不同的基模如何啟動，是很多心理學家有興趣的題目（Hedwig and Epstein 1998）。現在，心理學家相信，想到一段回憶就能喚起情緒，情緒經驗也會誘發舊有的記憶（Grawe 2006）。舉個例子，如果我們注意到某人繃著臉瞪著我們，看起來不贊成某件事，我們可能會突然感到不自在，彷彿感受到之前受到權威人士挑戰的經驗。就算我們不記得那個盯著看又挑毛病的老師叫什麼名字，但記憶啟動後，當時的教訓會接手，讓我們相信之前發生過的事會重演。從那一刻開始，我們聚焦於在重複情境中才有用的資訊，但情境實際上不一樣的時候，這些資訊可能無關，也可能造成誤解。我們會自動用存在舊基模裡的資訊引導我們度過當前的時刻，幫我們預測接下來可能會怎麼樣。儘管有時候可能對我們有利，但也有可能不利（Goldin et al.2009）。

## 威廉的故事

威廉的母親很有效率，她照管的家裡有七個年齡相近的小孩，丈夫常常出差。排行中間的威廉很幸運，從小因為大哥的榜樣，還算自由自在，但缺點則是兩個姊姊跟媽媽一樣專橫。威廉跟姊姊不一樣，他喜歡運動勝過讀書，很討厭別人告訴他什麼時候要讀書，什麼時候要去睡覺。威廉發現，留在家裡，家裡的女生就會一直管他。家人發現他考試不及格或家事沒做好的話，如果他在家裡，就得聆聽無窮無盡的批評。不管做什麼，似乎都達不到她們的標準。但他要是能溜出去，她們忙著處理別的事情，他就輕鬆了。

如果工作要求他留在辦公室，或直接與上級合作，威廉都做不好。然而，他找到了業務的工作，可以管理在不同地點的幾個客戶，收入也不錯。最急迫的問題則是婚姻。開始治療的前一個星期，他的妻子威脅他，如果不改變的話，她就要離婚。她控訴威廉不照顧家人，不參與家庭生活。每次要他幫忙處理小孩的事或家庭財務，她的提議都會得到他的同意，但他不會堅持到底。就他看來，如果他不按照她規定的細節和時間去做事，就要受到批評，那幹嘛費這個心思？他不懂為什麼，不過每次妻子的計畫要他加入時，他就滿心恐懼。他很愛他的妻子和小孩，但需要很多工作上的承諾與專案，好讓他在覺得不舒服的時候有藉口可以離家。

在威廉的基模裡，愛把他納入計畫的女性很危險。他的母親和姊姊會仔細盯著他的表現，而且常常限制他的自由，想給他教訓。他的基模是女性對他有期待，伴隨著恐懼，怕自己表現不好，也預期會受到她們的限制。多年後，妻子只要想讓他加入教養或處理財務的工作，他的心裡就會充滿同樣的恐懼。只需要這種女性向他提出要求的經驗，遭到檢視及處罰的舊有基模就會浮現。他假設妻子會有一樣的行為，因此他不得不先同意，之後卻想逃走，避開後果。避開不愉快事物的動機是一股驅動力，會啟動我們的想法、感覺和行為。

## 辨認貯存的基模

因某種感覺或情境的關係，基模再度出現，一旦就位，我們就會用很受限的方法來看當前的情況。某些基模容易在緊張的時刻浮出來，了解這一點的話會有幫助，但我們不可能知道會帶來反應過度的信念體系有哪些。然而，在我們與他人的互動中，有些主題很容易重複。童年的經驗常常會決定我們如何解讀和回應成人生活中的情境。如果能辨認出反應過度時再度浮現的信念及期待，也會比較容易注意到有問題的基模是否浮現。第十二章會討論如何識別和消除扭曲某個時刻的透鏡，你就可以更清楚地把注意力放在當前的情境。

**章末練習：辨別信念和期待**

有幾位心理學家設計了辨認常見基模的問卷，這些基模來自你和兒童期照顧者之間的相處模式（Benjamin et al.2006; Young, Klosko, and Weishaar 2003）。即使你已經成人，可以選擇想親近的人，在兒童期建立的核心信念仍會繼續影響你的想法和期待。

在這個練習裡，畫線標記你覺得父母最常回應的方法。然後問自己，你的生活哲學或你習於回應他人的方式是否很像列在下邊欄的基模。

| **如果你……** | **照顧你的人可能……** | **可能的基模** |
|---|---|---|
| **懷疑你的能力** | 接手你要做的事。 | 你就是什麼都做不好。<br>萬一有事情，你要知道，總有人會幫你。 |
| | 批評你。 | 你覺得自己一個人比較好。 |
| **需要慰藉** | 拿你害怕的東西開玩笑。 | 你討厭自己或他人的軟弱。<br>你不信任別人。 |
| | 對你不耐煩。 | 你盡量不找人幫忙。 |
| **做得不夠好** | 責怪環境。 | 你覺得你比其他人都好。<br>你很容易怪罪別人。 |
| | 批評你。 | 你一向會努力證明自己。<br>你會找藉口，避開批評。<br>你需要他人的認可。 |
| **覺得被忽略** | 忽視你。 | 你害怕別人都不喜歡你。<br>你很關心家人朋友的動態。 |

小時候，我們都碰過這樣的時刻：懷疑自己的能力、需要大人的幫助或撫慰、做不到標準，或遭到排斥。不太可能在兒童期從來沒經驗過這些情境。覺得脆弱的時候，我們的基模變成透鏡，讓我們用特別的方式來解讀情境。來自早期經驗的感受讓我們相信，同樣令人不快的事情又會重來。碰到這種情況，我們的期待和回應就接手了，我們「還來不及」誠實地了解到底發生了什麼事。

如果能辨別出在兒童期創造的信念和期待，你就更能注意到在你檢視當前處境時，舊有的透鏡是否渲染了事實。你的情緒回應是你極度熟悉的東西，特別是令人困擾或不舒服的情緒。

在你發覺舊有的情緒基模開始運作後，你就更有能力防止反應過度。光是知道你的解讀或許不完全正確，就很有幫助了。與其讓自己隨波逐流，你可以往後退一步，致力於回到平衡的狀態。我會在第十二章解釋能幫你的技巧，但辨別出讓你覺得脆弱的信念則是非常重要的能力。辨認出舊有的基模後，你就培養出挑戰基模的能力，因為這個基模屬於過去。在接下來的章節你會看到，我們可以選擇挑戰自己的思緒，以便找到更好的回應方式。

第四章
# 家庭價值觀與期望

雖然擷取到基模中的經驗塑造了我們，但幫我們建立價值觀的家庭生活面向也會影響我們對自己的認同。大家都知道，就某種程度而言，小孩會模仿他們看到的行為。「內隱知識」（tacit knowledge）指潛在的信念，我們就假設每個人都有這些信念。我們認為這些假設都是理所當然，碰到別人抱著不同的信念，一般就相信他們錯了。關於信念代代相傳的方式，有很多不同的理論，但影響我的想法的理論主要由心理分析師開發出來。

## 認同

過去五十年來，W．W．邁斯納（W. W. Meissner）（1980, 1986）和其他心理分析師都寫過關於認同形成的文章。基本上，他們相信我們與父母的關係以及童年與父母的互動有強大的影響力。小時候，我們需要身體接觸才有安全感。去上學的挑戰有很多，其中一項是能提醒自己，即使爸媽不在眼前，他們也會提供協助。你可能看過小孩子緊抓著心愛的絨毛玩具或抱著毛毯，這就是分析師口中的移情對象：絨毛玩具或毛毯幫忙提醒小孩，愛他們的父母並未永遠消失，過幾個小時後就會回來。小孩長大以後，會找到方法留住那個心像和信念，到了六歲，就不太需要抱著毛毯了；他們會找到不同的方法，繼續連結親代的保護力量。儘管一開始仍需要看到爸媽，或被抱著才能覺得安全，小孩會學會重新創造出安全的感受，跟看見雙親或抱著毛毯的效果一樣。最後，在覺得害怕或寂寞時，他們改用心智參照，帶來同樣的安慰。

我們心中都有重要之人的心像。隨著時間過去，還能看見這些內化心像的某些特質「滲漏」到我們對自我的感受中。我們一開始吸收了特性和價值觀，來留存連結的感覺，最後，這些特性和價值觀會永久存在我們對自我的體驗。年紀漸長後，我們甚至沒有察覺到，撫養我們的人在不知不覺中影響了我們的個性或對生命的展望。

## 核心價值

認同的過程有助於解釋我們怎麼獲得價值觀，以及對自己和我們創造出的新家庭有什麼期待。這些價值觀和期待通常會變成內隱知識的核心，我們「就是知道」的東西。進入青春期的時候，我們通常會重新評估其中某些價值觀和期待，但大多從來不會遭到質疑或異議。

多年來，我跟很多家庭合作過，看到某個家庭環境產出的一個人如何調整自己去配合另一個人，總是很有意思，但通常另一個人的內隱知識卻出自很不一樣的背景。即使兩個人有類似的種族、宗教、社會經濟和鄰區背景，基本的價值觀和期待也有差異。年輕的伴侶創造出自己的家庭，需要費勁建立界定自我的家族儀式，期間很多信念都要接受考驗。在年輕夫妻建立自己的習慣和例行程序時，築巢的過程會把很多內隱信念帶到前景。他們有很多宗教、餐點、購物等方面的期待，還有與家人或朋友共度或獨處的時間，都必須經過協商，伴侶的期待和假設可能大相逕庭，會質疑或挑戰個人原本認為理所當然的事物。小孩出生後，浮現的核心假設與期待都常常是夫妻要克服的難關，他們也會察覺到想為孩子培養的核心價值觀有什麼重要性。

## 瑪麗莎和卡麥隆的故事

瑪麗莎和卡麥隆為了下一代，努力了五年，生下一對健康的雙胞胎，他們覺得很幸運。在準備育嬰房和選定小兒科醫師的時候，他們彼此支持，很有效率地做出決定。但是，卡麥隆打開瑪麗莎的爸媽寄來的禮物時，瑪麗莎控制不住了。有些很適合嬰孩，但有些則要等孩子大一點才能用。瑪麗莎的爸媽也寄了幾套價格昂貴的衣服和幾種玩具。開禮物的時候，卡麥隆搖頭表示不贊同，堅持瑪麗莎要把用到電池的玩具都放回去。「我不想寵壞小孩，我也不希望他們習慣這些東西。小孩應該要學會動手做，發揮想像力。跟你爸媽說，把這些玩具退回去，買積木就好。」

瑪麗莎知道卡麥隆的家庭不如她的富裕，他半工半讀才把大學念完。但她爸媽是一片好心，想表達對孫子的愛，他們也用這種方法把她養大。瑪麗莎覺得卡麥隆很沒禮貌，不明理，對她的家人不友善。她怒氣沖沖告訴他，不管他喜不喜歡，玩具都要留下來。

儘管瑪麗莎跟卡麥隆對於教養孩子的價值觀大致相同，但瑪麗莎習於奢侈品和最新型的器具。她記得自己有過這樣的玩具，這些記憶感覺熟悉，讓她很快樂。另一方面，卡麥隆高中時代就在鄉村俱樂部工作。他看到有錢的家庭用不需要的奢侈品寵壞了孩子。卡麥隆覺得這種家庭瞧不起像他家這樣努力工作的家庭，也看到嬌慣的嬰孩變成要求多多的頑童，不珍惜所有，不懂得感激。留下禮物，瑪麗莎會有種延續感，但卡麥隆則因為奢侈品而覺得驚恐。兩種反應都來自兒童期形成的內隱假設。

## 不認同

從父母身邊獨立的過程中，我們會辨別出關於自己獨特且與眾不同的地方。即使我們深愛父母，也有可能討厭他們身上的某些東西，或他們彼此對待的方式。很多合作過的對象告訴我，爸媽曾發脾氣嚇到他們，或因為爸媽在其他人面前的行為覺得丟臉。他們回憶起小時候曾默默發誓，長大以後絕對不要做那些事。想要反對父母的價值觀，決定用不同的方法行事，構成了「不認同」的基礎。迫切希望不要變得像雙親一樣，會是一股塑造價值觀和期待的強大力量（J. P. Siegel 2004）。

大多數人都認為，選擇不同的行事方法就是一大進步，但「對立」的壓力常常會變成負擔。就算我們允諾要達到某種標準，也會碰到幾乎不可能執行的場合。不得不放棄自己的標準和價值觀，做某件事而違反了自己的不認同，我們都會覺得很難過，常常就此失去情緒平衡。

例如，如果你覺得爸媽對你的課業或課後活動不感興趣，你可能會發誓，以後一定要全力支持你的孩子。但無可避免地，總有分不開身的時候。即使是一心為了孩子，母親仍有時間衝突的時候，無法出席孩子的每項活動。大多數人都不想讓孩子失望，但發誓要把孩子的需要放在第一位的人則會有極端的情緒反應。這樣的爸媽只能忙亂地重排時間，或乾脆停工，不論如何，反應的強度多半跟不認同的力量有關，而不是所面對的情境。

要成功應對，需要彈性，跟形形色色的選擇。我們固定的行為與鄙視的特質對立時，我們就陷入非常狹窄的架構裡，如果做不到，就很容易焦慮或憤怒到難以承受的地步。其他人身上出現鄙視的特質時，我們可能會強烈反應，發現有這種特質的人可能會影響到家裡或職場上眾人一起承擔的結果，也有可能反應過度。小時候，我們希望照顧自己的大人能做出改變，卻覺得無計可施。但是，當我們成人後，在人際關係中發現同樣不適宜的特質，我們抗議的強度會超過情境的需要。

## 珊卓拉與布萊恩的故事

珊卓拉跟布萊恩高中時開始交往，結婚後也算幸福美滿。珊卓拉比較隨性，容易衝動，布萊恩就比較平靜，符合一般的預期，共同生活後，兩人都很滿意彼此之間的平衡。只有一件事讓珊卓拉不開心，布萊恩習慣的做事方法常低於她的期待。她並不要求他每件事都要做得很完美，但他每次拖延她的要求時，她就氣壞了。但布萊恩覺得，每次他想放鬆一下，珊卓拉似乎就大發脾氣。她讓他覺得開電視看場比賽或在星期天下午打個盹，都犯了大錯。

接受治療時，我問珊卓拉她爸媽的婚姻狀況，誰的要求比較高。珊卓拉立刻回答，她的爸媽其實很像，兩人都會輕鬆放下，不會焦慮。珊卓拉從小就以為大家都會買現成的混料來做馬鈴薯泥，家具上的刮痕或髒污無法修理。相反地，外公和外婆似乎比較在乎成就。她看得出來，外公外婆對女兒管理生活的方式非常失望，跟其他的孩子比較親近。珊卓拉年紀漸長，去朋友家拜訪過，愈來愈覺得自己的爸媽很丟人。後來，珊卓拉判定自己的爸媽很懶惰，凡事採取最簡單的做法，所以全家人都不會進步。她為自己訂下更高的標準，發誓她創造的家庭生活標準要高於原生的家庭。

外公和外婆資助珊卓拉上大學，很以她的好成績為傲。珊卓拉要從大學畢業時，跟高中時代的男朋友訂婚。就某種程度而言，布萊恩的聰穎和野心很吸引她，他們也有共同的價值觀。

雖然珊卓拉承認，每個人都該有放鬆的時候，但是，只要布萊恩舒舒服服地坐在電視機前面，她就無法克制自己。珊卓拉的反應過度揉合了認同和不認同。易怒與反對控制了珊卓拉，因為她相信布萊恩有點自滿或懶惰。不知不覺中，她害怕布萊恩會跟她爸媽一樣，他的惰性會主導兩人的生活。對珊卓拉來說，滿足於低標準的男人永遠無法成為她尊敬的人或真心的伴侶。她的害怕造成情境的緊急，如果有件事放手了，整個家庭就會陷入平庸。

## 自我知識

從小學到的價值觀與信念對我們有很強的支配力量。會觸發反應過度的事件常跟小時候的經驗有關係。了解界定我們的認同和不認同以後，我們就更明白為什麼有些主題很容易讓我們發脾氣。在反應過度的時候，我們沒有能力分析哪些內隱信念發揮了作用。然而，思緒和感覺覺醒的時候，知道哪些事件是個人最敏感的問題，就可以幫我們辨別出問題。在本書後面，我會幫讀者找到解除舊有信念的方法，但第一個步驟就是要了解什麼樣的主題會讓你陷入反應過度。

**章末練習：你有多了解自己？**

在下面的練習中，我會把撫養你長大的人概稱為你的母親和父親，有可能是親生、繼親、收養，或成長過程中很重要的角色。不論父母是否有正式婚姻關係，我都會用「婚姻」一詞。如果兒童期經歷過的親代婚姻不只一次，可以把記得的答案都寫下來。如果在單親家庭中成長，回答適用於你童年的問題即可。不需要限制你的回覆，也不需要因為沒做答而覺得不開心。做這些練習的其他部分時，我會要你參考這裡的答案，所以我建議你把這些問題的答案寫在筆記本裡，免得因為資訊太多而記不清楚。

## 第一部分

思考你在其中成長的家庭。寫下心裡想到的第一件事，來完成下面的句子：

- 想到父母時，關於母親，我最尊敬她的一點是……
- 關於父親，我最尊敬他的一點是……
- 想到父母的婚姻時，他們盡全力處理得最好的一件事是……
- 想到母親，最讓我覺得尷尬或掃興的事情是……
- 想到父親，最讓我覺得尷尬或掃興的事情是……
- 想到父母的婚姻時，最讓我覺得不舒服的一件事是……
- 如果可以讓母親做出一個改變，我想讓她……
- 如果可以讓父親做出一個改變，我想讓他……

## 第二部分

現在，用螢光筆標記回應中的關鍵字或主題，或畫底線，再回答下面的問題：

- 在自己身上或最重要的人際關係中，看得到這些特徵嗎？
- 寫下一個與父親或母親相似的地方，這個相似之處讓你感到自在或驕傲。
- 寫下一個與父親或母親相似的地方，這個相似之處讓你感到不自在或丟臉。
- 最近有什麼樣的情境讓你察覺到這種不想要的特質？
- 這種情境是否會帶來情緒反應過度？

儘管有些情境能讓大多數人反應過度，但在界定你最敏感的問題時，已經獲取的個人價值觀扮演非常重要的角色。花一點時間思考，你在童年時期的家庭中觀察到及回應過的特質，當這些核心價值觀遭到質疑時，你會更快收到警告。或許，你最後仍在做感覺「對」的事情，但你能辨認出激發回應的認同和不認同。

# 第五章
# 分裂、否認與洪水

控制不住情緒時，就無法以客觀的眼光看待事物。即使切換到仰賴邏輯的左腦，我們的情緒系統依然過載，會自動嘗試減弱焦慮和緊張。為了這個目的，心理防衛機制會立即行動。「防衛機制」是對焦慮的潛意識回應，讓我們能從更安全的位置應對情境。就像盔甲可以反彈箭矢，面對讓人手足無措的情境，防衛機制會暫時改變我們的觀點。中樞神經系統再也無法面對艱難的時刻時，防衛系統就出來救援。

## 心理防衛機制

你或許已經聽過幾個常見的防衛機制，要是學過心理學，可能也知道自己習慣用哪些機制。要幫自己找到通融的理由時，很多人會用「合理化」。大多數人會用「昇華作用」，讓我們控制住無法安全釋放的能量，轉化為更有成效的東西。舉例來說，如果朋友讓你滿心怒氣，你很想往他臉上揍一拳，你可能會抓起花園裡的大剪刀，修剪長得太猖狂的樹叢。

碰到反應過度時，有好幾種防衛機制會合力運作。最重要的防衛機制應該是心理學家口中的「分裂」（splitting）。在分裂的影響下，我們會用誇張的眼光看世界。事物不是都很好，就是都很壞。然而，為了用這種極端的觀點論事，「否認」（denial）的防衛機制會自動起作用。能維持情緒專注時，事情鮮少都很好或都很壞。然而，為了留住以分裂為基礎的觀點，否認的作用就像一副眼罩，讓我們無法注意或信任會否定偏頗意見的東西。換句話說，如果分裂要我們把某樣東西看成純黑色，否認則會確保白色或灰色的東西不在視線或思緒範圍內。因此，我們只能辨認情境的某些面向，最後以歪曲的方式看事情。拿不到所有的資訊，我們的反應跟決定就更有可能不是最好的選擇。

分裂不僅妨礙我們的判斷，也會提高經驗的強度。更糟的是，分裂結合否認後，常會讓人想起其他帶來極端經驗的情境。碰到這種情況，舊時的回憶跟過去經驗到的所有感覺如「洪水」（flooding）般淹沒了我們。這些情緒記憶和過去留下的情緒混合了當前的情境，會放大我們的反應。分裂、否認與洪水可以在不到三十秒的時間內啟動，產生的評價和激烈的反應也與眼前的情境沒有太大的關係（J. P. Siegel 1992, 2006）。

## 珍妮的故事

這兩年來，珍妮對丈夫菲爾的憎恨與日俱增，有一天晚上，她爆炸了，決定要離婚。珍妮工作到很晚，到家時已經筋疲力竭。看到菲爾的車子停在車道上，她鬆了一口氣。她非常不希望女兒被單獨留在家裡。她們當然是很有責任心的孩子，要把她留在家裡的晚餐加熱也絕對沒問題，但近來克莉絲汀對作業的態度很不認真。

但是，女兒們並沒有乖乖做作業，家裡一團亂，珍妮一開門看到的景象只讓她希望自己還在辦公室。廚房亂七八糟，流理台上到處是橘子皮跟花生殼。菲爾在電視機前睡著了，完全不在意家裡的混亂跟他們的女兒，而且狗在舔馬桶裡的水。她往樓上大喊，問克莉絲汀是不是在寫功課，菲爾卻插嘴了，她也因此失控。菲爾叫她不要管克莉絲汀，她覺得他在跟她做對。伴侶無法分擔她對孩子的擔憂，反而像個青少年，想輕鬆過一輩子。他不僅做了女兒的壞榜樣，還不讓她管孩子。丈夫臉上的表情讓她覺得在他眼中，她就是太嚴肅、要求太多，且很難討好。女兒當然寧可在網路上聊天，不要做作業，也希望爸媽不要管她們。一切昭然若揭，她得不到需要的支持，還得耗費兩倍的努力來撲滅菲爾放的火。

細看這個情境，很容易就能看到分裂的作用。珍妮看到菲爾不顧廚房的凌亂，只顧癱著，心中立刻出現好幾個結論。在她看來，菲爾再度表現得非常不負責。不知不覺中，珍妮回溯到她認定菲爾管理不善的其他情境。珍妮很自豪自己能堅守承諾，菲爾卻常常放手不管。她立即假設，這只是另一個例子，菲爾為了休息，放棄管教孩子。分裂讓珍妮快速做出評估，扭曲了她的判斷跟反應。既然把注意力放在菲爾的不當行為上，她立即假設菲爾沒有好好監督克莉絲汀，而且克莉絲汀極有可能在打混。因為她感覺不到菲爾的支持，就認定菲爾在扯後腿，鼓勵小孩選擇玩樂，不負責任。

但珍妮甚至沒花時間去檢查克莉絲汀的功課做完了沒，也不知道在她回家前發生了什麼事，菲爾才會叫她不要管小孩。分裂塑造出特定的觀點，她用自己看到的真相填滿了空白。

## 都很好，都很壞

用個人的經歷來了解當下的實境，完全正常，但分裂會指向我們貯存的記憶，與現在的情境不一定有關係。要了解分裂的運作，有一個方法是想像有一個檔案櫃，有兩個抽屜。記憶不只是隨意累積，而是會貼附到基模上，這些基模經過組織後再分別歸檔。分裂會把正面的基模跟充斥著痛苦或失望的基模分開。在每個人都有的記憶檔案櫃裡，我們把正面的記憶和基模存在一個抽屜裡，希望沒有發生過的事情則放進另一個。但兩個抽屜不可能同時打開。如果好抽屜裡的基模啟動了，整個抽屜就會滑出來。此時，我們只注意到好事，察覺不到塞進壞抽屜的東西，也拿不到。同樣地，壞抽屜裡的基模打開後，我們就察覺到那個抽屜裡還有其他的情緒記憶。同時，可以抵銷或平衡壞事的好事基模卻緊緊封在好抽屜裡。我們只會讀取都很好或都很壞的記憶時，就很容易反應過度。

洛娜·班傑明（Lorna Benjamin）博士及F·J·弗里德里希（F. J. Friedrich）博士（1991）指出，記憶基模啟動時喚醒的感覺可能會非常強烈。基模也包含我們對過去經驗的結論。在不知不覺中，我們的期待扭曲了，因為我們很容易假設過去的經驗會再度出現。

在上面的故事裡，珍妮有一個檔案，專門放「能力」。事實上，有兩個專門放能力的檔案：一個在好抽屜裡，一個在壞抽屜裡。如果珍妮打開標了「因為菲爾而感到驕傲」的檔案，驕傲和安全會如洪水般淹沒她。她很有可能會想起菲爾拿到了年度最佳業務員的稱號，在公司去年的晚宴上得到表揚。她或許會想起他有多聰明，耗費了無比的耐心在家裡裝了喇叭系統。但看到菲爾不管橘子皮跟花生殼，就躺在沙發上，激發了不稱職的基模，讓珍妮一把拉開壞經驗的抽屜。從標著「菲爾又搞砸了」的檔案裡，她只想到菲爾的缺點和失敗。

壞抽屜一打開，情境的回覆就是反應過度。菲爾的低標準害她受辱或妥協的舊時記憶如洪水般湧來，珍妮假設這次也是同樣的結果。她預期菲爾會跟過去一樣，想到一個爛藉口，或反轉事實，怪她沒說清楚自己的期待。她開始覺得很悲觀，跟菲爾在一起，她就不會快樂。在十秒內，珍妮的思緒從橘子皮跳到二十年來累積的失敗。因為否認，珍妮沒問女兒是否做完了功課，也沒注意除了宵夜留下的垃圾，晚餐的碗盤都已經洗好放好。

懂得檔案櫃會支配我們的情緒生活後，我們會注意到每個抽屜裡的檔案並沒有按特定順序擺放。有些檔案放得很靠近其他的檔案，抽一個檔案的時候，其他的也跟著抽出來。在珍妮的案例中，她的經驗是防衛自己的標準，但菲爾做不到，導致她可能與親近的家庭成員起衝突。承認兩人之間的差異，打開了壞抽屜裡標著「批評讓愛逝去」的檔案。菲爾要她別嘮叨的時候，珍妮覺得受到威脅，被排除在丈夫與孩子之間的連結以外。如果有治療師在場，探察過去，珍妮或許會想起爸媽批評然後拒絕她的時刻。可能也有這樣的時刻：朋友不贊同她處理事情的方法，不讓她加入小圈子。但在今天晚上，則是菲爾與女兒合力違抗她。雖然這個場景的細節不一樣，但過去的檔案啪一聲打開時，洪水、分裂和否認結合在一起，變成壓垮駱駝背的稻草。

在分裂和洪水中，我們失控了，眼前的情境變得更難承受。過去融入了現在，我們根本無法解開不同的感受源頭。只有在這一刻感受到的強度和確定性提供了一點線索，我們的回覆對當下的情境來說可能過分了。

在事件過後，一定會更容易識別出分裂。事後，我們有空間思考其他的解釋，承認自己誤解了。但在分裂的中間，我們混淆的情緒創造出真實感和確定性，讓你看不清事實的情緒就有了正當的理由。發現自己在緊張的情境裡，似乎失去了公正，你應該就在分裂和洪水中。人際關係鮮少是全盤很好或全部很壞。有時候，察覺到你採取了兩極化的態度，就是分裂和洪水佔了上風的第一個線索。眼中的事情只有都很好或都很壞的時候，我們打開了檔案櫃，裡面的基模讓我們透過把視野變得更狹隘的透鏡來看事情。即使我們最恨的人事物有一些好的地方，在大多數情況下優點也能抵銷缺點。事情似乎只指向一個方向時，分裂最有可能就是元凶。否認會確保我們只會看到增強觀點的面向，讓我們透過歪斜看法的透鏡解讀事件。我們的回應似乎有十足的理由，也很恰當，對其他人來說卻很離譜。

## 章末練習：找回自己的觀點

你在檔案櫃抽屜裡放的檔案只屬於你，但知道了常見的主題和觸發點（見第二篇）可以幫你更了解這些強大到能打開「壞」抽屜、讓你反應過度的問題或觸發點。

### 第一個練習：我的家庭

常常經歷高度分裂的家庭會讓小孩出現這種回應模式。閱讀這個練習中列出的描述和模式，記下是否適用於你的家庭。

是或否：在我長大的家庭裡……

- 我們從來不曉得小問題會變成危機。
- 有時候，爸媽覺得我很棒；有時候，他們覺得我很糟。
- 大家都用主觀的眼光看事情，不看客觀事實。
- 大家常常誇大其詞。
- 爸媽會為了某件事處罰一個小孩，但另一個人做了同樣的事卻不管。

■ 母親或父親可能好幾天都心情不好。
■ 吵架時，有人會提起過去的問題。
■ 即使有相反的證據，家人仍相信他們想相信的事實。

如果大多數問題的答案是「是」，很有可能你在成長過程中少不了防衛分裂。如果是這種情況，意思是你比較少用平靜、經過深思熟慮的方法來處理問題。按著「都很好」或「都很壞」抽屜來運作的家庭常會在小孩身上培養出這種反應的方式。學會辨認最常激起分裂的觸發點，認出自己覺得緊張時的姿勢，可以幫你縮小循環，更不容易傷害自己和親近的人。

## 第二個練習：辨認出分裂

儘管有些觸發點和基模比較常見，但你要知道自己的觸發點和基模看起來和感覺起來是什麼樣子。在分裂中，有特定的思維、信念、期待、感覺和回應會不斷反覆出現。在這個練習裡，我會先列出常見的回應。你可以思考每個回覆是否適用於你的情況。我希望你可以開始思考你在「你的好和壞」抽屜裡體驗到的特殊想法和回應，然後寫到筆記本裡。現在你明白分裂是什麼以後，你會注意到在我多年來累積下來的案例中幾乎都會看到分裂。如果書中的案例讓你發覺自己容易有同樣的行為，把你想到的觀察記下來。

是或否：當我在好抽屜裡……

- 想到接下來會發生的事，我覺得很興奮。
- 我覺得我從常有的憂慮裡解脫出來。
- 我不希望有任何東西讓我失意。
- 我想盡力延續現況。
- 我不想再聽到任何問題。

是或否：當我在壞抽屜裡……

- 遭到這麼差勁的對待，我氣壞了。
- 我覺得很悲觀，很絕望，一輩子看不到改變。

- 我不覺得有人能解決問題或幫我。
- 很難想到正面的事物。
- 我覺得我好糟，同在這團混亂裡的人也好糟。
- 我覺得這個情況非常不公平，都是某個人的錯。

請記住，分裂是一種狀態。「狀態」是暫時的存在方式，「特質」則是與生俱來，心理學家會強調兩者的差異。進入某個狀態時，想法和感覺會轉變，離開狀態時，又會再度改變。第十二章會提供更多建議，幫你對抗和消滅分裂的狀態，但能早點辨別自己的想法、感覺和生理反應，就更容易找回自己的觀點。

# 第二篇

# 觸發點

在真空狀態裡，不會有反應過度。每個人都有童年的經驗，即使我們察覺不到，這些經驗也會複雜化我們解讀和回應事件的方式。之前的事件和當前事件的相似之處會導致舊有的記憶和信念啟動，啟動一連串生理和情緒反應。你有多了解那些讓你最有可能反應過度的情境？

每個人都有自己敏感的地方，但有些情境似乎會激起大多數人的強烈情緒反應。在這一篇裡，我要你學習四個主題，它們的共同之處在於都很有可能引起強烈的情緒反應——嫉妒、拒絕、批評和控制。這份清單並不完整，但這些主題是臨床出版品和研究報告的焦點，也是我過去三十年來合作過的案主最敏感問題。我希望你不要把這些主題當成錯誤或弱點，而是會影響很多人的問題。了解這些觸發點的力量後，你就更能辨別出當前的情況，不會被情緒擊敗。讀到其他人回應的方式時，你可以問自己是否有過類似的反應。深入了解最容易讓你受傷的情境，你就做好了準備，在未經處理的情緒反應剛出現時便不會錯過信號。

# 第六章
# 嫉妒

嫉妒是人類一種很強大的情緒，不論年齡、宗教或文化背景，每個人都體驗過嫉妒。雖然很重要，研究的心理學家卻不多，對嫉妒的定義或起因似乎也無法取得共識。

## 嫉妒的定義

大多數人應該都知道嫉妒的感覺，但我們常會混淆嫉妒（envy）和妒忌（jealousy）。這方面的專家大多認為有很重要的差異（Smith and Kim 2007）。有人威脅要拿走我們已有的某樣東西或某個人的時候，我們會覺得「妒忌」。有人拿走我們想要且覺得自己該有的東西，我們會覺得「嫉妒」。在嫉妒爆發時，我們會發怒。思考這個情況時，我們會有不公正的感覺，因為在我們看來是不公平的。有時候會有被剝奪的不自在感受，有時候甚至希望我們嫉妒的人會受傷或失敗。想到那個情況，常讓我們覺得更糟糕，因為不論如何，我們都覺得無力改變。因此，嫉妒發作時，我們常會體驗到某種程度的憤怒、不公、剝奪、無力，希望另一個人會慘敗。

嫉妒很難懂的一個理由是，在社會上大家都討厭這種特質。工作上認識的人或家人碰到了好事，這時，大多數人若要承認自己嫉妒，會覺得不自在。既然是一種重要的情緒，為什麼要承認卻那麼難？很多宗教都教導信徒不要嫉妒，宗教教育讓我們覺得覬覦別人擁有的東西，就犯了罪。很多文化有迷信的做法，來擋住嫉妒的力量，以及力弱者施加在別人身上的邪惡。許願某人受傷，願望還有可能實踐，這個想法讓很多人退避三舍。與兄弟姊妹一起長大的人也知道，如果我們抗議爸媽偏心某個小孩，他們可能變得不耐煩，不贊同我們的想法。父母、老師、宗教領袖和文化影響聯合起來，告訴我們覺得嫉妒是壞事，大多數人就學會保持沉默，甚至會因為自己有嫉妒心而充滿罪惡感。

## 創造嫉妒的情境

雖然我們都很羨慕有錢人和名人的生活型態，但在電視上看到他們，或在雜誌上看見報導，不會每次都好像被嫉妒心淹沒了。我們比較有可能嫉妒跟自己差不多的人。相信這些人收到或獲取能讓他們比我們過得更好的東西，或大幅改善他們的生活，我們會覺得嫉妒。

有時候，我們的嫉妒來自物質產品，但有很多其他類的東西會引發嫉妒。事實上，如果問二十個人他們嫉妒過什麼，或許會得到二十個不同的答案。有人不滿意自己的體型，拼命減肥，可能會嫉妒自己的好朋友，因為那個人吃什麼都不會胖。有人看到同事炫耀他可能買不起的新手錶或新車，而覺得嫉妒。常見的案例還有全職媽媽嫉妒工作看似很有趣的女性，有工作的媽媽則嫉妒可以整天跟小孩待在一起的母親。有老化跡象的人可能會嫉妒看起來年輕好幾歲的老朋友，痛恨工作的人可能會嫉妒宣布要在年底退休的同事。

覺得某人收到了本來可以給我們的東西，而變得更好，很難不覺得嫉妒。研究顯示，覺得自己受到不公平對待時，杏仁核會啟動（Crockett 2009）。競爭跟不想落後的慾望會激起強烈而不舒服的情緒。配上不公平的感受，幾乎不可能不回應。沒有人喜歡「不如人」的感受，也不喜歡無力改變的感覺。

## 派翠絲的故事

二十多歲的時候，派翠絲開始練習皮拉提斯，她很有天份，興趣也很濃厚。進步到高階後，她去上了教師培訓課程。她的朋友愛麗絲一起上了進階課，也很想知道培訓課程是什麼樣。她們常在下課後一起吃午餐，派翠絲鼓勵愛麗絲也參加培訓。愛麗絲終於決定報名的時候，派翠絲在工作室已經開了三堂課，非常享受教學過程。

但愛麗絲從培訓課程畢業後，情況馬上出現變化。派翠絲如果要請假，會找愛麗絲來代課，一開始她表現得很感激。但是，派翠絲常發現愛麗絲在工作室老闆的辦公室逗留，志願幫忙做事，一有機會就恭維老闆。不久之後，工作室就請愛麗絲代其他人的課，也有進階課程，派翠絲懷疑愛麗絲根本代不來。有一天，一起吃午餐的時候，愛麗絲急急列下她代過的課，說老闆在考慮把熱門時段的中階課程給她。派翠絲感受到一股強烈的妒意，剩下的食物一口都吃不下了。那堂課是老闆答應要給她的，而且只給有經驗的老師。愛麗絲居然不需要證明自己的實力，就能拿到好工作。派翠絲覺得愛麗絲只是努力黏著老闆跟滿口奉承，天份或技巧還不夠，想到老闆居然笨到信以為真，她就滿腔怒火。好心幫助愛麗絲，卻換來了背叛，而且只能假裝沒事地恭喜她，但這個人根本不值得她所得到的待遇。

## 辨別嫉妒

你知道你覺得嫉妒了，因為你心裡想……

- 不公平，別人得到了你想要的東西，而且不費吹灰之力。
- 不值得升職的人卻升了，好討厭。
- 你做了苦工，卻是別人得到獎勵。
- 其他人運氣都很好。
- 你想不出自己有什麼好運的地方，別人都比你幸運。
- 不公平，跟你有同樣遭遇的人能得到同情，你卻靠自己努力。
- 不公平，別人得到你想要的東西卻不珍惜。
- 別人的事有好多人關心，你卻好像就該這樣，不對吧。

嫉妒是很正常的回應，但我們不太願意承認。對大多數人來說，嫉妒是很強大的觸發點，明白這一點，就能花更多時間來了解嫉妒帶來的感受、信念和衝動。

## 家庭中的嫉妒

如果完全公平，每個人想要的東西都很充足，就沒有嫉妒了。可惜的是，這種完美境界不存在，我們在很小的時候就懂了。如果你有小孩，或有機會觀察家人互動，你會看到小孩極度想要擁有生命中最寶貴的資源——母親。說到男孩的嫉妒心，佛洛伊德認為小男孩會發覺自己必須與母親生命中「另一個男人」分享母親的愛，而發展出陰莖羨妒（penis envy）。佛洛依德也認為小男孩的想像力很狂野，冀望能殺死自己的父親，同時也害怕更強壯、力氣更大的父親會發現他們的願望，為了報復而切掉他們的陰莖。雖然佛洛伊德只提到男孩的嫉妒，但在他認定的循環中，嫉妒會導致有攻擊性的衝動，進而導致對報復的恐懼，再來則是罪惡感，就是常見的心理經驗。

為社工系的學生講解這個模式時，通常會有人說，佛洛伊德的解釋比較像妒忌，而不是嫉妒。畢竟，小孩想佔有母親，不希望她被別人搶走。但佛洛伊德說，我們會很驚訝，發現母親並不真的屬於我們，她們也比較關心小孩出世前就已經擁有的成年伴侶。覺得被剝奪了什麼，又無力改變現狀，兩者結合之下，也是嫉妒的強大誘因。

## 手足競爭

家庭治療師也觀察到幼兒期的關係會種下嫉妒的種子，但他們對手足之間的發展狀況比較有興趣。讀者或許已經很熟悉手足競爭的想法。表面上看起來，小孩在吵誰能坐在車子前座，誰可以拿糖霜最多的蛋糕，但大多數治療師都認為小孩實際上在爭奪父母的愛。所有的孩子都想得到爸媽的關注，希望自己是爸媽最喜歡的孩子。父親或母親比較關心兄弟姊妹時，覺得自己特別的錯覺也破滅了。

手足彼此競爭，通常無人受益，因為小孩對爸媽抗議時，通常得不到自己想要的結果。小孩一吵鬧，大多數的父母都會覺得困擾，為了小獎品爭得翻天覆地的話，更得不到父母認可。被嫉妒淹沒的孩子通常到最後會覺得遭到排擠、輕視、不公平對待，且無力改變。

到最後，小孩學會自己處理問題。有些孩子相信，即使他們現在無力改變，還有其他的機會。這種類型的孩子會用生理或情緒戰術來報復父母偏愛的手足，例如弄壞他們最喜歡的玩具，或不讓他們跟自己一起玩。另一個孩子可能會發現她能做其他的事情來得到她渴望的關切，就算要生病或考不及格也在所不惜。

在比較不常見的情況下，可能是父親或母親需要成為全家人關切的中心。當事人或許在兒童期有得不到注意的經驗，現在也不想分享，所以有這種反應。這樣的父親或母親在不知不覺中，可能會非常嫉妒孩子得到的關切，因著不明確的理由變得易怒或痛苦。這種嫉妒極難確認，但是會導致孩子出現不同形式的競爭，想得到肯定或關切。我合作的對象裡，有的父親在頭胎出生後覺得地位不保，但不願意承認自己有憤怒或失落的感受。接到別人的恭賀，卻因為對人生的變化感覺憤怒而覺得內疚，情況就更糟了。同樣地，母親看到家中其他成員備受關愛，可能也覺得不舒服。

## 吉娜的故事

吉娜還不到三十歲就跟卡爾結婚，婚姻美滿，她是軟體開發人員，工作挑戰性很高，但報酬豐厚。問題是吉娜的交友態度，他們的社交圈裡有其他的夫妻，卡爾很重視這些朋友。吉娜常在最後一分鐘取消計畫，或忘了回覆邀請，導致家中常有爭吵，氣氛緊張。吉娜承認，想跟他們交朋友的人幾乎每個她都很喜歡，也喜歡跟朋友共進午餐，或跟一個好朋友去走走。但如果四個以上的朋友一起來，她就應付不了。

我要吉娜描述她的家庭，她對母親展現出強烈的怒氣與憎恨。她說母親要求很多，個性自私，為了自己的好處利用每個人。吉娜講了幾個故事，闡述她的感知，有一次她想帶朋友回家，那次的體驗最糟糕。吉娜的母親不讓女孩子們自己玩，硬要眾人把注意力放在她身上。她會集中火力接近吉娜的朋友，開始聊天說笑，把吉娜排除在外。用不了多久，她的朋友都只顧著聽母親的笑話，完全不理吉娜。接受治療時，吉娜明白了她嫉妒且憎恨母親的魅力和機智。她察覺到自己的個性比較嚴肅，要找人聊天的話也覺得自己很笨拙。但最強烈的感覺則是生氣和憎惡，母親居然介入她的友誼，來滿足自己的需要。

想到這件事的時候，她發覺卡爾跟朋友來往時，也很輕鬆自在。大家會很容易把注意力放在卡爾身上，跟他說笑，因而產生的嫉妒感覺超乎吉娜所能承受。等吉娜辨別出她對母親未決的憎恨很容易被激發出來並錯置到卡爾身上以後，她就能把這些感受留在過去，享受社交，並以丈夫為榮。

## 兒童期的處事風格

小時候對嫉妒的反應會預測成人時期的反應方式。有些孩子學會利用自己的力量，變得有自信。為了確保下次能拿到自己應得的一份，他們變得愈來愈有競爭性，時刻留心。然而，在孩童的道德規律完全成熟前，他們的衝動也有可能出於報復，而且極具攻擊性。其他的孩子碰到不公平的情形，可能會反對幾次，但最後卻覺得不該去爭取想要的東西。一心想要某樣東西，又覺得無望，常會帶來深刻的痛苦。

舉例來說，一個小女孩發覺父親一直不喜歡陪她玩球，但是跟哥哥一起玩就滿面笑容。雖然不公平，但她發現自己沒辦法改變父親的心意，也無法證明自己玩得夠好，可以加入他們。與其跟哥哥競爭或培養自信，她可能會進入自我懷疑和退縮的循環。覺得受到忽視的孩子這一類的經歷都比成人更深刻，有一個原因是他們害怕對撩起失望的父親或母親表達怒氣的話會造成更多問題。因此，小孩會親身經歷失敗與無助，更加深他們的沮喪。

## 凱西和席德的故事

凱西跟席德來找我做婚姻諮詢，抱怨兩人一直吵架。一個問題是凱西相當不滿席德賺的錢不多。他在家跟在辦公室都心不在焉，對業務往來上該注意的事情常設法掩飾。第一個孩子出生後，凱西就辭職了，她很高興能全心撫養三個兒子，應付各種不同的問題，例如食物過敏和注意力不足過動症。但是，席德又被辭退了，她決定她應該找一份全職的工作。

有一天，凱西在絕望中打電話給我。工作忙亂無比，她得加班。她本來以為可以準時回家，沒有安排保母留久一點。今晚，兒子的學校要舉辦音樂會，他們一整個星期都忙著練習。席德說一切都沒問題，一開始聽到時，她鬆了一口氣，但突然很氣他。他的生意不忙，可以提早下班，她卻要趕著完成好多工作。他能去享受音樂會，再按照慣例帶著孩子去吃冰淇淋慶祝，她卻要急急忙忙去趕通勤列車，希望至少能趕得及送孩子上床。感覺真的很不公平，她要特別努力工作，賺錢買樂器跟冰淇淋，但享受音樂會和冰淇淋的卻是席德。她非常不滿，席德可以享受她夢寐以求的時光，孩子們也留下一段回憶，與快樂、輕鬆的父親一同慶祝，而認真的母親不在眼前，也不在他們心裡。

這種感覺對凱西來說很可怕，直接讓她想起爸媽離婚後母親的行為。凱西的母親說她偏袒父親，比較愛父親，這種控訴令她深惡痛絕。母親不停抱怨，製造緊張，只讓凱西更覺得她寧可偏袒父親。起碼他不會說出心裡的感覺，也不會把她摻和到爭執中。想到自己好像要變得跟母親一樣，凱西陷入了無助絕望的感受。她發過誓，絕對不要變得像母親一樣尖酸苛刻，現在卻墮入同樣的位置。

因為很不公平的理由，凱西覺得受到忽略、無助、被剝削，我當然很同情她。但是一開始當我說「嫉妒是很難處理的感受」時，凱西表示反對。對凱西來說，嫉妒不可原諒，她覺得很羞恥，自己居然墮落了。無法承認這種情緒，只讓問題變得更難解決。

## 職場上的嫉妒

我們可以說，競爭會滋生嫉妒。誰不希望別人看到他們表現優秀，或得到晉升？即使跟金錢無關，如果上司只看到某人的功勞，或眾人工作的成果都歸功給一個人，同事們自然會生氣。有時候，得到讚賞和認可，跟得到金錢的獎賞一樣重要。

每個人的家裡都有容許或減少手足競爭的方式，你服務的公司也有獨特的文化。有些組織靠著競爭日漸興旺，相信競爭能讓員工發揮實力。的確，想贏的慾望會創造靈感，鼓勵大家注重細節，但情緒成本卻鮮少得到注意。有些小孩會攻擊和報復手足，同樣地，員工也會抵制得到不公平獎賞的同事。職場上的惡意嫉妒會很有多形式，例如陷害、講別人壞話，以及在有機會的時候跟「對手」搶工作。即使同事的行事風格看似成熟，也有可能在碰到機會時就惡意破壞競爭對手。如果你的工作環境允許這種行為，就很難維持團體合作的感覺。身為團隊一份子的自信感煙消雲散，不信任的感覺取而代之。你可能無法專心工作，發現精力都浪費在人際動態上。

面臨無人控制的競爭，有些人會遠離壓力，退縮不前。然而，這種反應對職場也會造成同等的損害。你碰過這種同事嗎？他們對團隊或整間公司都只有冷言冷語。嫉妒別人會帶來受到不公平待遇的感覺，覺得無力改變情況（Vecchio 2000）。如果相信自己永遠得不到別人獲得的認可或進步，就會覺得憤恨沮喪。這種反應有傳染力，本以為做得好的話會得到獎勵，這種熱情和期待卻被箝制了。跟悲觀且憤世嫉俗的人共事，會很難維持自己的正能量，你付出的努力似乎都變成浪費時間。如此一來，整個團隊可能就垮了。

## 容忍嫉妒

深思熟慮後再回應嫉妒，要辨別開展出來的情緒經驗。回應觸發點時，你可能會覺得胸口或腹部突然繃緊，察覺到脖子、背部或雙手的肌肉緊縮。你可能會察覺到憤怒、剝削、憎恨、被忽視或被藐視，無法把注意力放到其他的地方。與其讓想法和感覺佔上風，不如盡你所能保持專注。收錄由此創造的想法和感受時，確認自己受到刺激，感到嫉妒。

客觀審查這個情境，掃描有沒有從過去重新浮現的事件。感覺強烈到超過當前情境的需要時，很有可能舊有的情緒記憶淹沒了你。舊有的信念和基模可能讓情況更複雜，甚至扭曲你的評估和期待。

## 分割過去和現在

檔案櫃裡的情緒記憶對每個人來說都很獨特，但每個人也都有會帶來嫉妒的童年經驗。愈了解自己敏感的地方，就能愈快辨別出過去的感受又重新啟動了。一旦童年的記憶啟動，我們的想法和行為都會回歸小時候的模樣。此時，我們剝奪了自己身為成人分析情境的權力和能力。如果不了解這些舊時情緒記憶的力量，就很容易讓記憶入侵，把過去的痛苦加諸於現有的體驗。

## 處理嫉妒的情緒

嫉妒的感受出現時，情況可能變得無法忍耐。有一個辦法，就是在情緒浮現時也啟動大腦的思考部位。記著，如果你深思熟慮，提高覺醒，杏仁核就不能做亂。為了這個目的，請思考下列問題：

- 你對於不公不義的反應很強烈？（「不公平！」）
- 反應的時候，多半會想到自己無能為力？（「我無計可施。」）
- 被拋下或排擠時，會有強烈的反應？（「好東西都不是我的。」）

知道情境的哪些點會特別讓你困擾後，自問你的觀點是否有些偏頗。身處於某個情況時，我們通常看不到全局，把眼前的情況看得很重。如果能重建自己的觀點，通常會很有幫助。

## 重建觀點

改變觀點，或許可以解決難題。因此，請考慮下列問題：

- 生命中，你最看重什麼？這個事件跟那些關鍵事物有什麼關係？
- 綜觀全局，你是否把某樣東西看得太重要了？
- 你是否假設，這次不成功，後果就會永存，無法逆轉？
- 你為什麼認定再也不會有機會幫自己改善現狀？
- 你接受分裂（看事情不是都很好就是都很壞）？你認為你「永遠」得不到你應得或想要的東西？你只記得你失敗的時候，不記得對你有利的時刻？你嫉妒的那個人，「只有他」或「他永遠」都能拿到好東西？

別忘了，嫉妒是一種正常的情緒。嫉妒的感覺沒有錯，但從這個角度來看情況，不能幫你解決問題。發現自己有嫉妒的感受後，你就已經踏出第一步，掌控住有可能傷害自己跟其他人的回應。帶侵略性或惡意的競爭以及憤世嫉俗或無助的悲觀主義會讓人痛苦，需要提出質疑。如果讓童年的回應風格主導，你就沒有機會用感覺加上深思熟慮來解決問題。

能換個角度看事情，可以幫你平靜下來。別忘了，你感知到威脅時，會啟動杏仁核。如果舊有的情緒記憶淹沒了你，便無法單就目前的情境來評估。

能把舊有的基模和記憶與現在的情況分開，就可以降低情緒的強度。然而，解決反應過度的重點並不只是為了找回平靜。有時候，嫉妒會敲醒我們，面對真的需要改變的問題。能夠有條理地認知某件事的重要性，就能脫離困境，考慮用不同的方法改變現狀。在強烈情緒來襲的時候，我們能察覺到的選項通常少於實際擁有的選項。能平靜地思考自己的狀況，就可以做更多有成果的事情，也是你該投入的。

## 經過推敲的回覆

要解決產生嫉妒的情境，可以試試看下面的做法：

■ 跟關心你、能提供支持和鼓勵的人討論問題。你想要的不只是同情，而是要記住有人真誠關心你和你的快樂。

■ 找到新的目標或機會，得到你想要的東西。辨別出新的目標後，給自己打氣，增強自信，相信自己可以做到。

■ 評估你是否被別人創造的目標困住了，你應該為自己定義你看重的東西。我們都很容易受到影響，想要自己其實不需要的東西，忘了你已經找到滿足的公式，對你來說很夠了。

■ 最後，即使看似無關緊要，也可以花一點時間去幫助比你匱乏的人。看到自己其實有多幸運的時候，就能立刻從客觀的眼光來看待嫉妒。

## 章末練習：鬆開經驗的挾制

每個人在成長過程中，幾乎都經歷過兒童期的嫉妒。這些深刻的情緒記憶多半埋藏起來，因為太劇烈了，再挖出來會讓你覺得不舒服。回想童年，你或許又會感受到當時的不適。雖然不容易，但如果你「一點一點地」改變，這是很值得花時間克服的挑戰。別忘了，感受到危險時，身體會給你信號。在練習時，或在讀這本書的時候，如果碰到這樣的信號，先把書放下，在筆記本裡寫下一個句子來記錄你的想法；之後可以再回到你覺得特別困難的題目。你的目標是學到怎麼處理難纏的情緒，減弱情緒控制你的力量。你可以選擇一次要接受多少挑戰，但別讓過多的資訊淹沒了你，處理好一小塊情緒記憶，就很不錯了。

### 第一個練習：兒童期的嫉妒

要更了解自己脆弱的地方，思考下面的問題：你是否記得能「證明」你說的有道理的某件事。把能記得的東西都寫下來。

- 在你家裡，家人最看重什麼樣的天份或特質？你排名在哪裡？

- 你其他的天份或特質是否得到該有的認可？
- 兄弟姊妹比你厲害的地方在哪裡？他們得到了什麼獎勵？
- 母親最喜歡的小孩是哪一個？你為什麼會給這個答案？
- 父親最喜歡的小孩是哪一個？你為什麼會給這個答案？

思索舊時事件的細節時，你釋放了伴隨事件的情緒記憶。如果體驗到的感受包含了嫉妒，不需要覺得驚訝或不自在。我願意給你許可，承認你覺得嫉妒，你才能花一點時間去深入了解這種感覺。最後，我希望能幫你辨認和挑戰嫉妒的原料，那些對你來說最痛苦的地方。或許，覺得無助或遭到剝削，讓你很不自在。或許，希望你愛的人受傷，讓你覺得很害怕，有罪惡感。探索你對兒童期及家族記憶的獨特回應，你就踏出重要的一步，承認強大的情緒記憶在你最沒有防備的時候侵入了現在這一刻。能辨認出已有的經驗，就更容易完成後面幾章的練習，這些練習旨在幫你鬆開經驗的挾制。

## 第二個練習：整理目標和抱負

前一個練習幫你了解兒童期的經驗怎麼會帶來嫉妒，接下來如果能辨認出小時候的抱負是否仍有控制的力量，也很有幫助。我們有很多抱負來自媒體呈現給我們的奇幻思維、幻想以及對快樂的定義。小時候，我們很容易留下深刻的影響，用虛構的內容來塑造自己的信念和目標。長大後，我們的想法更符合實際，也成熟了，知道哪些東西有實質的重要性。下列問題的答案或許可以幫你釐清其中的差別。

回想小時候的想法，來完成下列的句子。

唸中學的時候，我想要（非常想、有點想、一點都不想）……

- 上電視或上新聞。
- 有足夠的錢，買我想要的東西。
- 握有主控權。
- 有自己的辦公室，可以把腳翹到桌子上。
- 讓大家敬佩我。

■ 贏得比賽，或屬於贏得國家級獎盃的隊伍。
■ 有一大群人起立為我鼓掌。
■ 像電影明星一樣美麗。
■ 有最新潮最棒的衣服、車子和遊戲。

根據現在的想法，完成下列句子。
現在長大成人後，我一定要（非常想、有點想、一點都不想）……

■ 盡量保持健康。
■ 確認我愛的人都有能力來保障安全和健康。
■ 做我最適合做的工作。
■ 享有財務保障，不需要擔心付不出房租。
■ 可以去運動、打球跟從事其他嗜好。
■ 有時間找朋友跟陪伴家人。
■ 可以規劃假期，去做平常沒辦法做的事情。

■ 買穿起來最好看又容易打理的衣服。

如果看不到優先順序的差別，回想你在前青少年期時的想法，完成第二部分的句子，並用現在的觀點完成第一部分的句子。大多數人發現，他們學會珍惜的事物跟年輕時渴望的東西沒什麼關係。但在兒童期形成的信念會繼續影響我們。兒童期的抱負冒出來的時候，我們或許會短暫地回到過去，想到那些我們曾以為能讓自己快樂的東西。勝利與名聲可能是小孩在媒體上看到的獎品，但這些東西很少能帶來讓成年人學會珍惜的長期滿足。

# 第七章
# 拒絕

每一個人從生下來就需要屬於某個團體，這種成員資格也確保物種能夠存活。人類的嬰孩不能自理，只能靠成人照顧，才能生存。就連成人也設定成為了生存，必須住在社區裡。或許這就是為什麼被拒絕的體驗變成最難以承受的觸發點，會引起情緒反應過度。

## 拒絕的痛苦

大多數人都體驗過某種形式的拒絕，或許是失敗的戀情、變質的友誼、組不成團隊，或想要的工作落到別人頭上。大家都說「拒絕好傷人」，你也同意吧，也會想起失望的時候出現的生理症狀。大腦功能的研究其實也證實了，大腦體驗排擠（社交拒絕）的方式跟處理生理疼痛一樣。娜歐蜜·艾森柏格博士及馬修·利伯曼（Matthew Lieberman）博士

（2004）指出，處理拒絕的受體與大腦偵測生理傷害的部位緊密連結在一起。這兩位科學家推測，疼痛教我們不要重蹈覆轍。燙過手後，我們學會不要碰炙熱的爐子，同樣地，帶來痛苦的拒絕促使我們改變行為，避免再度遭到拒絕。

## 早期體驗的拒絕

會啟動信念系統的觸發點如果不是火上加油的燃料，就是能讓我們鎮靜的慰藉。因此，你一定要好好思索小時候經驗的拒絕。最難熬的經驗，或反覆發生的經驗，都有可能在多年後再度冒出來。

## 同儕拒絕

很多人在求學時經驗過拒絕。成長的過程中，我們要學會靠自己過活，沒有爸媽或兄弟姊妹幫我們溝通需求和解決問題。對很多人來說，最早的獨立經驗或許就是去上學，獨力應付一大群同年齡的小孩。雖然學校是大多數人心目中學習讀寫的地方，但是去上學也讓我們學到其他的事情。學齡兒童學會交朋友，怎麼面對其他人的吹毛求疵，怎麼解決人際衝突，但最常見的情況則是如何面對排擠。

社會地位對小孩來說非常重要，他們學會評估其他的孩子，確認自己在其他人眼中的價值。即使孩童覺得愛他們的家人會完全接納他們，也必須學會面對同儕的檢查和評斷。大多數人認為，早期的學校經驗是我們第一次辨認出以及注意到個人的差異。蘇西已經習慣了穿姊姊穿不下的衣服，但同學拿她穿舊衣服的模樣開玩笑後，她才意識到不對。羅比跟爸媽和哥哥一樣，戴眼鏡後一下子就適應了，同學卻嘲諷他是「四眼田雞」，令他不解。但是，當蘇西跟羅比領悟到別人在嘲笑他們，或不讓他們加入朋友圈時，也就第一次體驗到羞恥和排擠。

## 兒童期的羞恥

被人羞辱的感覺特別讓人不快。多年前，心理分析師艾瑞克・艾瑞克森（Eric Erikson）（1950）辨別出羞恥帶來的心理傷害。在學校，小孩會評斷其他人是否合自己的心意。你小時候的處理方式很有可能會影響成年後的自信程度。團體接納和排擠似乎在中學時來到高峰，這時前青少年期的孩童會創造出離開家庭範圍的身分。儘管努力遏止霸凌，孩童被同學霸凌仍是家常便飯，也有不少人留下一輩子的情緒傷疤。

孩童對嫉妒的反應可能是變得有攻擊性，或退縮不前，面對排擠時，也會出現這兩種主要的回應模式。面對拒絕的時候，小孩可能會很生氣，想攻擊拒絕自己的人。他們可能會把怒氣發在別的孩子身上，甚至拒絕另一個人，把別人變成受害者。換成其他人，反應可能完全不一樣，接受拒絕和羞辱，相信自己沒有價值。這一類型的孩子通常會退縮，心情難過，甚至變得抑鬱。兩種回應都有可能危害孩童，也會危害其他人。學者研究過校園槍擊案的凶手或未遂犯，發現他們曾受到排擠，因此被迫覺得羞愧（Leary, Twenge, and Quinlivan 2006）。

## 帶著恥辱進入成人期

布芮尼・布朗（Brene Brown）博士（2006）提到，人會覺得自己有缺點，因此不值得有歸屬，最終感到非常難過。布朗博士認為，恥辱最可怕的地方在於恥辱會讓人覺得被困住了，被孤立了，彷彿世界上只有自己跟別人不一樣，不會得到接納。很多經驗過拒絕的女性會因為自我懷疑，覺得格格不入，最後用酒精或藥物來麻痺自己，逃避劇烈的痛苦。因著這個理由，布朗博士相信藥物濫用的女性需要抵抗殘餘的恥辱，戰勝纏繞心頭的情緒。

然而，有些成人會採用對立的態度，來解決情緒的傷疤。事實上，有些兒童期就經驗過恥辱的成年人可能是你想也想不到的那些人。受過情緒傷害的孩童需要可以安慰他們的父母。如果得到足夠的認可和安撫，就能學會在碰到困難的時候讓自己感覺好一點。然而，如果小孩無法仰賴其他人的幫助來渡過難關，他可能會學到用浮誇的姿態來抵銷傷害。被迫感覺「不如人」，與其苦苦掙扎，他寧可競爭和表現卓越，不斷向自己和他人證明他「高人一等」。這個反應看似是合理的解決辦法，但他長大後，就要一直競爭，來建立自己的優勢。碰到退步時，他不安撫自己，而是要完全依靠外來的認可，才能記起自己的價值。勝利或達到目標時得到的證明變成他的工具，把殘餘的恥辱和自我懷疑隱藏起來。不巧的是，昨日的勝利不會永存，他又要尋求新的肯定。

不論走哪一條路——向舊有的創傷低頭，或努力遠離創傷——兒童期未解的拒絕都會讓我們很容易反應過度。

## 丹尼爾的故事

丹尼爾告訴我，他覺得自己很像喜劇演員洛尼・丹吉菲爾德（Rodney Dangerfield），在笑話的結尾通常會說，「我得不到尊重。」丹尼爾知道自己一遭到排擠就會神經過敏，但有一次在專業組織裡當著幾百名同事大發脾氣後，他決定接受治療。他們那天舉辦會議，討論新的執照和建立新分類，讓之前受過訓練的老資格成員不用再通過新的考試。本來蠻順利的，但後來大家開始討論丹尼爾負責的方案。一名董事覺得丹尼爾的方案不如他之前上過的課程縝密，該方案的畢業生也不適用新的規則。丹尼爾向來不喜歡這個人，覺得他目中無人又自私自利。

但他也沒想到，自己居然會從椅子上跳起來，開始對這名董事進行人身攻擊。兩個朋友急忙過來，帶他離開會議室，但丹尼爾的行為已經造成軒然大波。

在療程中，我請丹尼爾分享他感受被排擠或被拒絕的經驗。丹尼爾立刻說起他對籃球的熱愛，小時候，他非常喜歡在家附近玩投籃。但是很可惜，丹尼爾繼承了母親的基因，到了六年級，是班上個頭最小的孩子。有一天，他去徵選學校的籃球隊，可是沒選上，這是他小時候最糟糕的回憶。即使去上體育課，別的學生也不想跟他一隊。

過不了多久，這種「不如人」的感覺更加惡化。丹尼爾覺得個子不高是社交的致命傷，他認識的女生基本上都只跟比她們高的男生約會。他心中認定別人都看不到他的好處，這個信念也散播到生活的其他層面。丹尼爾甚至認為爸媽比較關心弟弟。如果弟弟有所不滿，大家似乎都會當成一回事，但如果丹尼爾碰到壞事，他們卻聳聳肩作罷。「只是丹尼爾自己的問題吧，」他想像他們會這麼說。

丹尼爾記得在專業會議中，他的反應來得很快。聽到同事想貶低他的訓練，丹尼爾心中湧上一股恨意。他的心跳加速，臉頰發燙。在那一刻，這個人代表了所有排擠過他、不認同他能力的人。面對拒絕，丹尼爾只能反擊。

## 失戀

收到拒絕信，進不了球隊，都很傷人，同樣地，愛情上的失敗也可能是一種最令人傷痛的拒絕。被愛是終極的接納，對我們的連結感和歸屬感來說非常重要。然而，大多數人都發現了，找到愛情和維繫愛情都很複雜。

## 單戀

治療師、哲學家和詩人都費盡心思，想為真愛下定義。神經生理學的研究結果指出，愛會啟動大腦的特定部位。也有研究指出大腦如何回應視覺的愉悅、有助於性吸引力的氣味和身體接觸。這些結果可以解釋兩個人之間的化學作用，但無法完全解釋一個人墮入愛河時究竟發生了什麼事。

青少年在決定約會對象時，常常會考慮社會階級。如果安雅「只是」高一的學生，要跟高三生打情罵俏的話，可能會有些顧忌。如果保羅平日來往的對象都是「科技宅男」，話題繞著電腦和遊戲打轉，雖然想約「風雲人物」的女生出去，也很難開口。但童話故事裡的愛情影響了每個人，親吻過的青蛙會變成王子，灰姑娘的神仙教母把她變成耀眼的美女，抓住王子的心。被特殊的人選中，是一種肯定，我們會藉這個機會重新探討既有的自我價值。但如果某人拒絕你，不想跟你戀愛，似乎就表示你在她／他眼中不夠好。別人讓你覺得不如人或沒價值，是一種排擠，真的會刺傷人。同樣地，處理排擠的大腦部位也會增強單戀的痛苦。

## 拒絕等於拋棄

儘管每個人都覺得拒絕很傷人，但有些人在戀情結束時，會真的崩潰。他們不只體驗到恥辱或覺得自己不夠好，也害怕孤獨。如果你屬於這一類，拒絕感覺就像災難，因為拒絕會釋放潛在的恐懼，在一個你無法信任的世界裡變成弱勢。

心理學家和心理健康專家相信，童年的經驗會幫我們準備好開展親密關係（J. P. Siegel 2000）。如果某人的模式是反覆尋找理想的伴侶，最後總是一下子就對別人失望或遭受拒絕，這個人求愛的動機可能就來自對孤獨的恐懼。如果他的父母只關心自己，或沉浸在自己的問題裡，無法安撫孩子，通常就會發展出上述的問題。在這樣的家庭裡，家庭成員會把緊張和問題傳到別的成員身上，宛若骨牌效應。更糟糕的是，這些家庭習慣根據分裂做出反應，因此小問題會快速加劇成危機。由於暴露在大量的壓力和極少量的安撫下，孩子長大後會繼續尋找能真正了解他的人，用愛和平靜來影響他。

如果這就是你的情況，那麼，你或許就知道，因為你急著找人共度餘生，忽略了小缺點和擔心的地方，問題就開始了。這是另一種形式的分裂，為了保有「完美」新朋友或伴侶的感知，而忽略了警訊。隨著時間過去而產生的問題，後來會證實無法解決，但事實上，一開始就有問題了。

## 蘿絲瑪麗的故事

蘿絲瑪麗跟理查交往兩年了，一開始時兩人一起來接受治療。她下了最後通牒，他如果不求婚，就跟她分手，因此他建議兩人開始諮商。他想找我單獨治療的時候，我有點驚訝，但蘿絲瑪麗同意了，鼓勵他處理自己不情願承諾的心態。然而，我跟理查碰面時，他向我解釋，他從一開始就告訴蘿絲瑪麗他還沒準備好要結婚，即使真的要結婚，他也想找一個宗教背景相同的女生。他很喜歡跟蘿絲瑪麗約會，還有一起去旅行，但從沒想過跟她定下來。他來接受治療，只是為了確保在分手的時候有人能照料蘿絲瑪麗，之前他提過要分開，蘿絲瑪麗卻威脅他要自殺。

幾天後，理查告訴蘿絲瑪麗他們結束了，蘿絲瑪麗來找我，非常沮喪。她睡不著、吃不下、不能工作，哭腫的眼睛快睜不開了。確定蘿絲瑪麗沒有自殺的的念頭後，我們開始處理她的悲傷和失戀。雖然在失戀後當然會很難過，但蘿絲瑪麗的情況很極端，她什麼事都不能做。過了好幾個星期，她也回去工作了，但她心裡想的都是理查說過的話，尋找線索來說服自己他依舊單身，或他就算有了另一個女朋友，最後仍會回到她身邊。蘿絲瑪麗一直在胡思亂想，接下來的幾個星期，理查的形象在她心裡變得愈來愈偏頗。她固執地認定他就是完美的男友、戀人和未來的老公，但是她提供的資訊卻告訴我，他們在一起的時候，他就是一個自我中心跟善於操控的人。

在療程中，我想幫蘿絲瑪麗弄清楚她為什麼把這個年輕人理想化。蘿絲瑪麗來自一個大家庭，有三個哥哥和一個妹妹。她八歲時，父親突然去世，他們家本是工人階級的小康家庭，卻變得入不敷出。蘿絲瑪麗是父親最疼愛的孩子，喪父之痛對她來說太難受了。但是，因著難以理解的原因，蘿絲瑪麗的媽媽滿心憤怒，不准孩子提起拋下他們、撒手人寰的父親。母親愈來愈封閉自己，愈來愈疲憊，蘿絲瑪麗的人生也愈來愈糟。雖然蘿絲瑪麗的成績很好，高中畢業那天她就決定離家自立，靠自己存的錢成為手寫藝術家。她找到很棒的工作，進了一家精品店，放任自己買了很多最時髦的衣服。她跟得上流行的美貌及活潑的個性吸引了理查，他也很有錢，能帶她去最昂貴的餐廳和夜店。他帶她進入有錢人的世界，買給她的珠寶衣物都不是她能用薪水負擔的。

即使理查一再告訴她，他不想結婚，蘿絲瑪麗卻寧可默默在心中幻想他們的未來。她開始看訂婚戒指、從雜誌剪下結婚禮服的圖片，甚至翻閱姓名大全，想像要幫小孩取什麼名字。就各方面來說，理查變成了父親的形象，一輩子都會縱容她跟保護她。就某種程度而言，她把幻想當成現實，不相信理查在她想像的生活中會覺得不快樂。為了不要幻滅，蘿絲瑪麗不肯承認理查的缺點。她知道開始交往後，他出軌了好幾次，關於自己的家人和工作也沒有說實話。然而，為了保有幻想，這些她都不管了。讓她悲傷的男人其實不存在——她靠著想像力把他大大美化了。他不肯跟她結婚，令她進入了絕望的境地，在這裡，她想像自己永遠無法進入她渴望的人生。她開始從理查的角度看自己，出身不對、信仰不對，而且沒有接受過高等教育。他走了，她就沒有價值，他的拒絕證明她不夠好，不值得被愛。

蘿絲瑪麗的反應過度闡明了分裂、洪水和否認的重要性。在兩人交往時，她把重要的資訊推到一旁，只為了看到完美的理查，以及兩人完美的未來。跟他在一起，她也變得更有自信，但失戀後，也讓她體驗到更強烈的痛苦。最後，與父親有關的情緒記憶放大了失去某人的悲傷，她以為那個人本來可以寵愛她跟保護她。

## 容忍拒絕

遭到拒絕時啟動的情緒記憶通常會回溯到中學和青春期的經驗。小時候，我們透過團體的動態來得知自己的階級和社會等級。被排擠的話，表示我們無法跟想結交的對象相處融洽。長大後，我們會想辦法承認，不是每個人都處得來，拒絕背後常有我們永遠不知道的理由。每個人都可以決定結束關係，或決定雇用另一個人，但那個決定不應該判定我們的自我價值。或許年輕時有這種信念，但在成長過程中，我們可以選擇不給別人這樣的力量，他們不能決定我們夠不夠好。成人後，我們更清楚自己實際有哪些長處，再也不仰賴其他人來塑造我們的身分。

## 處理拒絕的感覺

歸屬感是基本的人類需要。拒絕會產生不舒服的感受和痛苦，但那也只是瞬間即逝的回應。拒絕會激發更深刻的疼痛，因為我們相信自己沒有價值，沒有人愛。要記著，杏仁核會讓我們體驗到的情緒強度有可能並不適合當前的情境。開始連接思緒和感覺以後，痛楚就會平息。考慮下列問題：

■ 遭到拒絕，是否真的代表你一點價值也沒有？
■ 拒絕你的人在什麼樣的情況下做出決定，你完全了解嗎？
■ 之前失去重要東西的情緒記憶是否像洪水般淹沒了你？
■ 感到無力改變，是否更加深你的痛苦？

## 重建觀點

度過被拒絕的情緒刺痛後，就能找到方法來思考真正的損失。第一件事是重建觀點。考慮下列問題。

■ 你是否把正在追求的人或收益理想化了？
■ 這次事件是否讓你相信你永遠得不到渴望的東西？
■ 對真的想要推進的事情，能不能更加肯定？

■ 為了讓夢想成真，你能不能想出自己可以做什麼？

## 經過推敲的回覆

經過思考後再反應，我們就能承認拒絕帶來的痛苦。損失自然難以接受，我們要能了解，有價值的東西被拿走了。然而，重點在於了解損失的真實價值。要用理智的方式回覆，我們可以問自己，是否已經理想化了那個人、那份工作或那個機會，現在是否有股衝動要加以貶低，用這種方式來保護自己不要再感到痛苦。我們也可以搜尋是否有加深這種情緒經驗的情緒記憶。在劇烈的反應中，我們需要集中精神找到方法回歸情緒平衡，但再度平靜後，要深思重要的事情。舊有與童年經驗有關的自尊問題或恥辱一旦確定已經化解後，就可以更誠實地思考拒絕能帶給我們的教訓：

■ 如果相容性是個問題，在過程中是否忽略了某些線索？發現相容性的問題後，如何能讓自己了解你真的想要什麼，以及情境中另一個人其實在尋求什麼？

■ 如果你要再度追求這種機會，有沒有應該改變的地方？

■ 在決定繼續下去的最佳做法時，有沒有得到有幫助的意見回饋？

再也不認為拒絕等於確定了個人沒有價值，開始研究相容性來助長人際關係或組織關係，就更能了解人生的究極目的。我們也會發現，從各方面來看，我們對人事物的掌控並不如內心所願——另一個需要納入考量的重要觸發點。

**章末練習：事事都有利弊**

大多數人以為，最好能忘記過去造成痛苦的事件。然而，如果我們願意用這些經驗來了解自我形象，與其想辦法忘了，不如重溫這些感受。檢驗痛苦的回憶，是為了把你成人時期的觀點帶入童年的你無力質疑的情境。如果你覺得過程讓你非常不舒服，在筆記本裡寫下你的想法和感受，然後繼續閱讀本書。第十二章會提供從極端情緒中復原的各種方法，讀過這些方法後，你可以再回來試試看這個練習。

## 第一個練習：消除兒童期的羞恥

回想在學校的時候，你是否碰過被人排擠的狀況。或許有人開派對，沒請你參加，或許你沒入選運動隊伍，或許有個團體講得很明白，不歡迎你吃午餐的時候跟他們坐在一起。記憶中，別人說了什麼話或做了什麼事，讓你感到被拒絕了？

現在，把長大以後的自己帶入那個情境。試著想像是什麼樣的弱點或焦慮讓這些孩子對你如此殘酷。那群小孩常常這樣排擠其他人？你認為他們也經驗過別人不知道的疑慮或不安全感？

每個人身上都有自己覺得不確定的地方。排除別人，孩童就可以想辦法安撫對自己的疑慮。支配其他人，排定順序，或許也是促成拒絕行為的因素。小孩也常常根據差異做出評斷——外表、文化背景或運動技能。你能不能指出你跟其他小孩有什麼不一樣的地方？

現在，把長大以後的自己帶入那個問題。在你年輕的時候，曾讓你覺得無比脆弱的某樣東西，有沒有可能到最後會把獨特且重要的東西加入你的人生？

從成年人的眼光來看兒童期帶來羞恥的差異時，通常可以寫出全新的劇本。記得醜小鴨的故事嗎？雖然在孩童拒絕其他人的時候，差異是一個很重要的點，但差異不一定不好。想想看你長大以後碰到的人，他們也有這些讓你與其他小孩「不一樣」的地方，而且很享受這些特質。接納你的這些特質，就消除了那些情緒記憶，再也不會重複經驗沒有根據的恥辱。

**第二個練習：挑戰分裂**

大膽期待被愛或被選中的時候，會自動浮現一個問題：「我夠好嗎？」我們常常會把某個人或某個計畫理想化，如此一來，他人就握有極大的權力，可以決定我們的自我價值。貶低拒絕你的人並不是解決的辦法，還是分裂的信號。如果最近經歷過拒絕，想想看過程，把下列問題的答案寫進筆記本。

- 指明這個工作或這個人吸引你的三個地方。在你的夢想中，如果這件事成了，會發生什麼好事？
- 指明三個讓你覺得不舒服的地方。如果這些擔憂或問題惡化了，會發生什麼事？

記著，沒有人是完美的，但有時候我們太想要某個東西了，以至於會假裝沒看見或忽略它的缺點。如果想不到那個人或那份工作有哪三個很棒的地方，或許那個人或那份工作還不夠好，不足以讓你因為損失而如此痛苦。但是，如果也很難想到三個讓你不舒服的地方，很有可能你真的把情境理想化了。生命中大多數的事物都有利弊。我們眼中的事物只有全好或全壞的時候，就知道應該是分裂作祟。

# 第八章
# 批評

沒有人喜歡其他人用不適當的方法挑剔和評斷自己，但對很多人來說，被批評的經驗可能會變成觸發點，釋放非常強烈的情緒。時時刻刻要達成自己設定的期待，或滿足他人的標準，看似不可能，但很多人被告知他們事情做得不夠好，或需要換個方法做事的時候，會覺得無法承受。批評能產生的盛怒、責備和沮喪鮮少有助於解決問題。而對批評的強烈反應通常源自於自戀的弱點。

## 自戀的問題

聽到「自戀」一詞，我們通常會想到某個人，他自以為了不起、自私、目中無人或具備所有的特質。但當治療師提到自戀時，觀點完全不一樣；自戀的人不是很有自信，而是採取某種姿態來保護自己，不讓自己覺得「不如人」。外表看來握有權力和高人一等，但內在像個洞穴，放滿了自我懷疑以及對失敗的恐懼。

小孩需要得到認同和接納，為整體心理健康奠定基礎。不論是父母反應的方式，還是孩童解讀父母的回應，或者兩者的組合，小孩如果覺得做了讓爸媽高興的事情後，自己才能得到愛，就非常容易發展出自戀的弱點。在成長過程中，如果孩子相信事情做得好，爸媽就會開心，但是達不到標準時，就會遭到拒絕或羞恥，也就種下了分裂的種子。孩子不會接納同時具備才華跟缺點的自己是個不完美的人，努力的目標只剩下別人覺得夠好的地方。得不到家人認同的缺點和其他特質就不管了，失敗的記憶都歸檔到情緒檔案櫃的「壞」抽屜。

這個解決方法製造出好幾個問題。首先，孩子會依賴別人來幫忙判定自我價值。孩子需要爸媽認同並讚賞他們的成就，才能感受到安全的連結，那麼這輩子就要一直找其他人來提供安好的感受，而不是靠自己。第二，即使小孩再怎麼努力不在乎，也會感覺到必須隱藏自己的很多面向。孩子根本不想學會自行判定這些特質是否真的很糟糕，而是直接逃避。隨之而來的是令人困擾的感覺，包括自我懷疑和羞恥，還會覺得自己是騙子。為了隱藏這些弱點所付出的努力會讓孩子無法容忍其他人身上的這些弱點，也會憎恨要永遠保持完美的壓力。第三，如果孩子受到批評，或一直做不到自己的標準，分裂和洪水的風險就會升高，帶來惡性循環，可是問題其實沒有表面上看起來那麼糟。如果弱點或失敗打開了情緒檔案櫃的「壞」抽屜，舊有情緒記憶的嚴苛令人無所適從，失敗就感覺更可怕了。這些動態會帶來風險，除了讓人過度批評他人，自己受到批評時也很容易反應過度。

## 亞當的故事

亞當從父親那兒繼承了事業，他努力工作，把公司從一間辦公室擴充到有八十多名員工，名聲也很好。他告訴新進員工，他要求大家做到最好，傑出的表現會得到獎勵。亞當堅信自己是很棒的導師，但他無法下放權責。每份企劃書出去前，他都要審核，確保內容完整、正確且清楚。發現缺點後，他會自己改掉，但默默記下那名員工的「一壞球」。如果再碰到類似的情形，他會大發雷霆，對著員工以及參與專案的人大吼大叫。幾位親近的合夥人跟他提過，他的名聲愈來愈差，但亞當仍堅持要求完美。偶爾他也想彌補一下，開玩笑說，「如果這句話我不會對自己說，也不會對別人說，」也認定如果員工受不了批評，就不適合他的公司。有一天，他臨時取消出差，從辦公室的後門進了公司。聽到一群他最信任的員工在嘲諷他最近一次大發脾氣的樣子，他快氣昏了。他們拿亞當的領導技能開玩笑，說他是個很糟糕的老闆，又說他犯了哪些錯，最後卻都開脫了。亞當覺得飽受羞辱，遭到背叛，更深深感覺到他們的批評並非空穴來風。發現自己變成這麼差勁的領導人，他覺得既羞恥又內疚，過了幾天心情才平復。亞當最想要的就是肯定和尊敬，卻得到了反效果。

## 外來的批評

不論是在職場或個人生活中，總有人會給我們不利的評語。有時候我們的反應就像批評者想傷害我們，進入自衛狀態或開始攻擊。我們必須能辨別出批評的人懷著什麼動機，但這種能力也很複雜。

## 不公平的批評

他人的批評常帶著力量，想打擊你，而不是幫助你。我在第六章討論過手足競爭及兒童期競爭，都來自個人對認可的需要。我們可能從小就希望自己能變成最棒的，但這不是唯一的期待。一群動物的領袖為了得到控制權，要展現出力量，同樣地，有些人也會努力削弱競爭對手，來奪得勢力。與其他人密切合作，會誘發出手足之間的那種競爭，如果同事得到晉升或認可，也會釋放具侵略性的嫉妒（Vecchio 2000, 2005）。同儕的批評可能會揭露出一層你之前沒察覺到的競爭，讓你得到重要資訊，更了解目前所在的體系。同儕出於支持而提供的誠實意見跟意欲貶低他人對你看法的評論不一樣，前者可以幫你改善或進步。

由上而下的批評有可能攻擊性非常高，超過情境所需。珍妮．胡伯勒（Jenny Hoobler）博士及丹尼爾．布拉斯（Daniel Brass）博士證實了一種下滲模式，剛收到批評的上級很容易就把批評傳給他們統御的下屬。更糟糕的是，他們發現對公司失望或個人進度受到阻礙的上級對下屬充滿敵意，甚至會責罵他們。研究人員也觀察到，自戀的員工在績效評估得不到上級肯定時，也會出現攻擊性。由於解決不了與上級的問題，他們會轉而報復下層的員工（Hoobler and Brass 2006）。

不公平的批評也有可能牽扯到公司或體制內更大規模的問題。在你加入之前就發生過很多事，那段歷史的風氣可能存留了下來。如果因著從屬關係或個性，你變成代表先前衝突的某一方，那麼即使問題跟你一點關係也沒有，你還是會接收到殘餘的不贊同或非難。在家裡跟在公司裡都可能碰到這種事。

## 伊蓮和傑佛瑞的故事

伊蓮和傑佛瑞費盡心思，想鞏固婚姻的基礎。兩人都是第二次結婚，他們覺得自己很幸運，找到了相容性、幽默感和共同的價值。兩人都可以自在分享最誠實的感受跟想法，因此，伊蓮沒想到傑佛瑞居然會批評她個性僵化，很愛掃興。傑佛瑞向我解釋，他的親戚不多，不過有幾位堂表親會找他一起度週末。傑佛瑞接受堂哥的邀請，去參觀他在海邊的房子，結果跟伊蓮吵了一家。伊蓮聽到他的安排之後並不開心，反而問他，「你為什麼要我們去他家待一天？你不是說，他詐騙保險費，正在接受調查，而且兩年沒付撫養子女的費用了？」傑佛瑞脫口而出一大串批評和抱怨，控訴伊蓮除了自己以外，不准他接近任何人。

我問伊蓮有什麼想法，她告訴我，她跟這位堂兄只見過兩次面，當然不會限制傑佛瑞跟親戚往來。「但是，」她接著說，「傑佛瑞常提起這位堂兄，我聽到的都是壞事。從我聽到的消息看來，他確實名聲不好。他對小孩的態度，跟做生意的方法，看來都不對。我只是根據傑佛瑞告訴我的事情來表達我的意見。」

伊蓮解釋她的看法時，傑佛瑞也發現他的說法其實很片面。他說，過去一年發生了很多事，但他與堂兄從小到大留下了不少難忘的回憶，不可能因此抹殺。雖然傑佛瑞不明白為什麼堂兄做出這些他也不贊同的事情，但他對堂兄的情感卻來自於多年來累積的美好時光。

傑佛瑞的媽媽常批評他的堂兄，也會批評父親這邊所有的親戚。她似乎覺得自己這邊的家族比較好，也會攔阻傑佛瑞，不讓他跟伯叔和堂兄弟出去玩。他第一段婚姻裡也碰過這個主題，他的前妻很愛批評他每一個朋友。最糟糕的是，他的母親和前妻表現得好像如果他不聽她們的意見，就是他自己有問題。傑佛瑞不知道伊蓮的想法從何而來，只覺得她跟母親和前妻一樣，硬把她們的判斷加在他身上。伊蓮只是不小心進入了偏頗的情境，可以參考的資訊也不多。

## 重演

小孩在玩的時候會重複某個主題，直到玩膩了為止，同樣地，碰到適當的對象，成人也會宣洩他們的困窘。以健康而言，自尊和自信是比較脆弱的面向，很容易受損。覺得別人看不起自己的時候，有人可能會把另一個人當成貶低的對象，來逆轉那種感覺。責怪或貶低另一個人，心裡會覺得好過一點。他們重現了「有人能力不足」的情境，但在這個版本裡，他們扮演相反的角色。

## 有幫助的批評

雖然「批評」一詞的意思變成「判斷」，暗指失敗，但批評常常是改善情況的方法。儘管被批評就是受到別人的評價，但批評你的人或許想改變更大的問題，而你隸屬其中。

## 批評也是意見回饋

感覺像批評的評語通常是一種意見回饋，或有助於系統自我調節的資訊。舉例來說，恆溫器可以「通知」暖爐住屋的溫度。房子到達想要的溫度時，恆溫器回饋資訊給暖爐，暖爐就可以在恰當的時間關機。房子如果又變冷了，恆溫器會提供資訊，讓爐子「知道」

該再度啟動了。恆溫器提供的資訊是暖爐成功運作的要素。恆溫器並不會批評暖爐太強或太弱，而只是提供該冷卻或該加熱的必要資訊。

與他人在家裡或在職場上密切合作的時候，這種資訊特別有用。想要學習新技能或接下新責任的時候，一定要樂於接受意見回饋。只是決定要去做一件事，並不會讓你變成專家。總有學習曲線，開始學習就要從最低處開始。

如果有人評論你的表現，你就氣得跳腳，或許可以問自己，你評價自己的方式與他人對你的看法之間是否有偏差。如果別人批評你很有自信的領域，而你也有自戀傾向的話，那你就很有可能情緒反應過度。這是經過證實的，在一項有趣的研究中，受試人員要經歷兩個相關但不一樣的情景（Rhodewalt and Morf 1998）。在實驗的第一部分，受試者會得到任務，很輕鬆就能完成。他們要給自己打分數，也會收到別人的評價。顯而易見的是，實驗的這個部分是雙贏的場景。但在實驗的第二部分，任務刻意設計成不可能完成，受試者也非常沮喪。突然之間，他們無法像之前一樣得到結果，也無法達成自己的期望。成功後再面臨失敗，兩者結合讓他們對外來的評價反應更大。受試者即使對自己的表現沒有特別的期待，也被困難的任務搞得很頭大，但外人的評價並不會讓他們難過。

換句話說，把自己看成初學者，你會更樂意接受意見回饋，幫助自己改進。你預期會犯錯，也會原諒自己的小錯誤。學到專業知識後，你對自身進度的評價結合了他人的正面回饋，你更有安全感，對自己的能力更有信心。在某些情況下，要接收批評非常困難。如果外來的評論集中在你相信自己能做得很好的事情上，你對自己的察覺和他人對你的看法之間出現分歧，就很難壓抑難受的感覺。

## 批評也是有用的新知

在涉及到其他人的情境下，一定會需要新的資訊。我們的家庭和職場都一直在變化，我們也需要跟著改變。有時候，評論其實在要求你改變，而你卻覺得這個評論是不公平的批評。批評你的人其實要你了解環境已經變了，你必須為了他的緣故改變做事的方法。在這種情境中，與其努力捍衛自己的行事方式，不如多想想該怎麼達到最終的目的。如果你還是希望這段關係或情境能夠成功，那麼你聽到的資訊其實是個機會，讓有關係的人都能體驗到改善。

## 梅蘭妮的故事

梅蘭妮很享受當母親的感覺。即使有時候兩個女兒總是吵個沒完，或要求很高，她相信她養出來的孩子具備了她最看重的價值觀。長女布蘭達再過兩個月就要進高中了，梅蘭妮很有信心，布蘭達會做出健全的決定，在學業、運動、朋友和社群的志願工作之間找到平衡。但是，快要十一歲的小女兒茱莉亞卻讓她不知該怎麼反應，要去上網球課的時候，梅蘭妮問她是否擦了防曬乳，茱莉亞回應的口氣居然帶著嘲諷。梅蘭妮已經習慣了布蘭達的自立自強，因此沒想到茱莉亞的回覆會含有敵意。接下來的事情讓梅蘭妮更震驚。她隨口說，她只是為茱莉亞著想罷了，茱莉亞卻更憤怒：「媽，你就是什麼都要控制，要每個人都照你的話做。我快煩死了。」

梅蘭妮覺得好像有人對著她的肚子踢了一腳。她感到怒氣上湧，很想叫茱莉亞不知感激的小混蛋。但是，當她努力保持鎮靜，思索該怎麼辦的時候，布蘭達插話了。「媽媽，請你不要生氣。茱莉亞想說的話，我有時候也有同感。我們知道你希望我們能擁有最好的，但如果你一直盯著我們做這做那，我們會覺得沒有信心，不能靠自己把事情做好。我們都不是小孩子了，我們也不希望你一直把我們當成小孩。」梅蘭妮的怒火化為羞愧，接下來，她也想到女兒真的很有智慧。她看著她們，覺得非常驕傲，發現她們真的不是小女孩了。這段對話正符合她的需要，準備好面對下一項為人父母的挑戰：給孩子她們需要的空間，學會獨立。很有可能茱莉亞已經擦好了防曬乳，隨口猜她沒有，只會引起爭執。與其讓孩子失去自信，需要靠其他人幫忙做決定，不如就讓她曬紅了雙頰吧。更好的是，女兒能相信自己，知道怎麼維護自己的權利，能表達她的感受，要求母親改變。

## 內在批評者

如果同事或家人的要求很高，你應該會知道他們有多嚴格，多愛批評。你可能不知道，他們對失敗的不耐不僅只限於他人。有自戀傾向的人在自己表現不好時，對自己也一樣嚴苛。

如果在成長的家庭裡，爸媽或其中一人的要求很高，很愛批評，小孩就很有可能發展出強力的內在批評者。出自自戀家庭的小孩認為不完美會引發恥辱和拒絕，必須時時保持警覺來捍衛自己，但其他人只要好的特質超過壞的特質，終究能與自己的不完美妥協。我治療的對象中，有很多人只記得自己得到了父母的讚許和愛。同時，他們也會告訴我雙親或其中一人在其他家庭成員面前展現壞脾氣。

小孩在不知不覺中認同父母的行為時，會承接他們的特質，之後可能會加以質疑，甚至覺得懊悔。即使雙親能給小孩愛跟安全感，有時候也會控制欲很強，要求很高。這些特質都會被吸入孩子發展自我意識的過程，結果內在出現一個聲音，模仿父母的信念和期待。如果你很熟悉那個愛批評、要求高的聲音，你或許會發現那個聲音有能力帶給你無法承受的失望和恥辱。即使是小小的挫敗或失敗，也能打開情緒檔案櫃的「壞」抽屜，放出極度無價值的感受，甚至讓你唾棄自己。

## 創造自己的無形障礙

要求很高的內在批評者有可能會幫你設定目標，努力達成目標，但苛刻的內在批評者可能有相反的效果。因為，連小缺點都會造成分裂，令人感到沮喪絕望，或許你會決定全都放棄，連試都不試。或者，你會創造出無形的障礙，就永遠不用去測試自己的潛力——這也是一個常見的解決辦法。採取這種妥協方式的人有很多藉口，愛拖延，只為了製造出更低的期待。他們不會全力以赴，免得暴露自己的不足，如果表現得不好，早就準備好了藉口。按他們的天份來看，可以設定更高的目標，但無形的障礙讓他們不需要去面對苛刻的內在批評者，這個內在批評者會在他們失敗的時候懲罰他們。

## 過度延展

在私人執業中，我治療過很多對夫妻和情侶，他們對彼此失望，失去了連結。常見的情況是要求伴侶改變一件很重要的事情。另一半並不覺得自己聽到了新資訊，反應卻常常是捍衛自己的解釋，或抗議自己遭到批評。我們常聽到其中一方說，「我做的好事都沒有人稱讚，做了一兩件沒那麼好的事就一直被挑剔。」我發現這種回覆的意思其實是，「我做了那麼多事情，都算應該的，我得不到認可和感激。我付出的超過我得到的。現在你還要我付出更多。」

在家裡是這樣，在職場上也一樣。丹尼爾・柯爾曼（Daniel Coleman）博士（1998）特別注意到跟著倦怠出現的傷害，尤其在伴隨著孤立、不公平和微薄報酬的時候。即使經濟情況尚可，要打造成功的事業，必須付出承諾和很長的工時。在裁員和縮減預算的時候，情況更糟糕。員工必須做更多的工作，卻得不到額外的補償，職位也不是很穩。結果則是高度的倦怠和失望，在職場和家裡都會醞釀出憤世嫉俗和情緒退縮。

下班時間本來是補充能量和更新的契機，但新的標準和期待也出現了。都要上班的父母努力應付孩子、工作、持家、親戚關係和婚姻的要求。爸媽也會發現他們本來假定可以放鬆或從事個人愛好的時間實際上都花在責任上，必須分攤責任來維持家庭生活，結果只能圍著小孩團團轉，按時間表忙個不停。結果為人父母者不堪重負，情感得不到滋養。

如果你讓自己落入這個無限付出的循環，對抱怨的耐受度也會消耗殆盡。事實上，你付出的已經超出預期，對你自身的健康來說也是極高的成本。如果你已經過度拉扯自己，那麼你最需要的就是有人認可你的努力，給你機會恢復力氣。很有可能，只要有人看似要把額外的負擔加在你身上，或不看重你努力成就的結果，你立刻就會滿心憤恨。

很多人對自己設定了非常高的標準。同時，我們又覺得找人幫忙是示弱或無能的象徵。如果發現自己一直處於資源不足、但要應付多方需求的情境，最後就會枯竭。在缺乏平衡和滋養的情況下，批評感覺就很不合理，非常殘酷。我們一定要能辨認出這些趨勢，才能避開雪上加霜的情況。

## 容忍批評

批評能夠引起強烈且不舒服的感受。受人批評時，我們或許會覺得脆弱、失去保護、遭到不公平的指責、被剝削、被貶低、被羞辱、被拒絕。批評會質疑我們的安全感、歸屬的權利、自我的價值和自我形象，帶來焦慮。當情境涉及團體和家庭的成員資格時，杏仁核會把健康受到的威脅看成立即的危險。有時候，如果批評我們的人並沒有把我們的利益放在心上，我們會本能地去偵測危險，這並非空穴來風。更常見的情況是，我們會得到重要的資訊，這些有用的回饋讓我們了解自己所在的體系，或為了我們好所以要我們改變。為了釐清一切，我們要詳查衝動之下的反應，先找到立足點，思考後再做出回覆。

## 高敏感

雖然不太想承認，但你一定要知道自己是否天生對批評高度敏感。問自己這些問題：

■ 負面的評價是否很容易讓你心情不好？

■ 如果無法一下子就學會一種運動或嗜好，你是否就決定放棄？

■ 你是否會找藉口，好讓別人不會對你留下不好的印象？

■ 有人批評你的時候，第一個念頭就是要怪另外一個人？

■ 你的爸媽或兄弟姊妹是否會因為軟弱而受到責備？

■ 你是否很在乎別人對你的看法？

■ 大家是不是都說你太敏感了？

■ 你是否一犯錯就會怪罪自己？

■ 碰到被批評的情境，你是否會反覆思考，很難釋懷？

■ 為了不讓別人對你有太高的期待，你是否會拖延或找藉口？

■ 你是否私下認為你比你碰到的大多數人聰明或能力更強？

如果大多數問題的答案是肯定的，你的內在批評者對人生的影響力就太強了。小時候，你住在大人創造的世界裡，學到了標準。長大後，你可以選擇幫自己決定完美主義是否值得你付出的焦慮和痛苦。很有可能，小小的失敗就會把你推進「都很壞」的情緒抽屜，為了避開批評造成的傷害，你付出的努力讓你得不到新資訊可以提供的好處。

## 處理批評

聽到不那麼正面的評語時，一開始會有點受傷，但是，我們一定要梳理自衛和情緒記憶，不然只會讓自己更不舒服。分裂和洪水會讓你概括一切和誇大，如此一來，小小的失敗都再也不只是一次意外，而是跟你整個人有關。如果一次事件、一個評價或一個意見就能把你放進「都很壞」的抽屜，你就需要辨別出可能讓傷害雪上加霜的類化（generalization）。問自己下面的問題：

- 別人的意見是關於你做的某件事情不如人意，還是你擔任某個角色時做的所有事情？
- 別人要你改變，以便更融入團體，還是你從他的話中猜想你地位不保，要被換掉了？
- 你真的相信你很完美，從來不犯錯嗎？別人要你看一個問題，你卻承認自己把問題弄得一團糟，是否表示你一點價值也沒有？
- 你是否一心想著解釋過去的事件或找藉口，因此無法想像能用這些資訊當成回饋，日後把事情做得更好？

如果你只顧著解釋過去的事件，就看不到向前走的話會變得有多好。如果你只想著揪出罪魁禍首，就無法了解你得到的教訓會為你帶來哪些改善（Stucke and Sporer 2002）。

## 經過推敲的回覆

如何深思熟慮後再回應批評？一開始要先承認批評激發了什麼樣的情緒不適。你要辨別爆發出來的感受，來幫助自己整理這次經驗中不同的要素。如果你知道你習慣對自己太嚴格，或你已經精疲力盡、耗竭了情緒，你可以提醒自己，雖然很難有正向的看法，但到頭來，與其幫自己抗辯，保持正面還是比較重要。

要了解批評的緣由，花一點時間考慮批評的源頭。給你批評的人是不是你信任的人，通常也希望你成功？如果是這樣，他是否想給你寶貴的資訊？如果他的訊息似乎帶著負能量，有沒有可能傳遞的方式跟環境有關，不是你們兩個人能控制的？訊息傳遞的方式是否有什麼問題，讓你很難把注意力放在資訊上？

如果這個人跟你不熟，或者是你找不到理由信任的人，問自己這次交流是否體現了憤怒或支配。這個人是否認為自己在某方面是你的競爭對手？跟這個人關係密切的小團體是否拒絕你的加入？你的地位或第三方對你的認可是否造成了嫉妒，或威脅到另一個人，但你渾然不覺？如果你的杏仁核發出危險的信號，問自己是否幕後還有更多你沒察覺到的東西。

大多數的批評含有重要的資訊。在解讀他人的回饋和新資訊時，經過推敲的回覆或許能讓我們用不同的方法看事情，帶來更好的成果。如果我們尊重批評的源頭，這個人有確鑿的經驗，致力於解決問題，那我們若能吸收批評有用的地方，就更容易轉移觀點，放下羞恥和指責。

## 章末練習：用平衡心聽取批評

大多數人習於相信他們過去處理事情的方法來自遺傳的個性。他們不認為行為可以改變，反而假設他們過去回應的方式會繼續沿用到將來的情境。然而，我們學到用來處理批評的方法多半離不開成長過程中的經驗。小時候你可能不知道有其他的辦法，下面的練習可以幫你注意到自己可能學到的模式。

### 第一個練習：挑戰分裂

在筆記本裡，寫下下列問題的答案。耐心寫下想到的事情，不需要限制篇幅。

■ 第一部分

我對自己感到最自豪的地方、我最不喜歡自己的地方：

數數看你寫了幾個美德、幾個缺點。算一下好壞的比例。如果你的比例接近五比五或六比四，看來你蠻能接受自己的才能和限制。如果好壞的比例接近二比八，你就是從苛刻內在批評者的眼光看自己。你還很小的時候，不懂得自己接到了什麼要求，這時產生的世界觀和對自己的期待把你壓倒了。心裡只想著過失，導致你懷疑自己，無法抓緊機會，達到正向的目標。如果你只願意寫自己的長處，比例是八比二，那麼你為了滿足很高的標準而承受了很大的壓力。你無法容忍自身和他人的弱點，因為自己的過失而不自在，以至於很難集中精力去改善弱點和過失。

■ 第二部分

學會原諒別人的軟弱是很重要的一步。

先想一想，你最不喜歡自己的什麼特質或弱點。寫下一個你覺得很慚愧的特質。你覺得爸爸或媽媽不喜歡你的這個特質嗎？如果是這種情況，想想看讓你做出這個結論的記憶。他們為什麼不能開心一點？你身上這個受到嚴苛評判的特質，在父親或母親身上也能看到嗎？爸媽能否原諒孩子和其他人身上的弱點，或他們習慣緊抓住小錯誤窮追猛打呢？

現在，把注意力放在自己身上。對於那些讓你失望的人，你有多容易原諒他們？對於你剛才寫下的弱點，你有多容易原諒自己？我們會追求完美，或難以接受自己和他人的軟弱，都是從父母那邊學到的，同時也會吸收其他的家庭價值觀。我們可能永遠不會質疑這個模式，也不知道還有不同的選項。如果家庭模式就是難以原諒過錯，現在不妨開始評估這個模式是不是能帶來快樂和成功的強項，或者本身就是需要改正的弱點。我會在第十三章深入探索對過去的質疑。

**第二個練習：承認未滿足的需要**

在你的筆記本裡寫下下列問題的答案。同樣地，不要趕時間，愛寫多少就寫多少。

- 在你的生命中，現在有什麼挑戰、壓力和責任？你花多少個小時處理或擔心這些責任？
- 生活中有哪些事情可以讓你大笑或感覺恢復活力？你每星期可以花多少個小時在這些事情上？

算算看挑戰和修復自己的機會各佔多大的比例。為了平衡負擔，你覺得你是否給自己足夠的時間來累積修復的能量？如果沒有，回答下面的問題：

■ 有沒有人可以求助，幫你分攤負荷？

■ 即使有機會把事情委託給別人，你是否覺得很難做到？

■ 你是否習慣幫別人做事，但不要求他們承擔他們能做好的事情？

■ 把你的需要放在他人需要的前面，是否很困難？

■ 你是否發現自己承諾了太多，無法脫身？

■ 要求別人幫忙是否讓你覺得不自在？如果答案是肯定的，思索你這種自給自足背後的因由：

（一）你不想欠別人任何東西。

（二）你不希望別人覺得你能力不足。

（三）你無法忍受被拒絕，所以乾脆不開口求人。

（四）你就是不相信周圍的人會願意幫你。

（五）你很看重你的能力，要善盡自己的責任。

（六）你從不走捷徑，之後也不想。

（七）如果別人真的關心你，應該自動來幫忙。
（八）求人真的不容易，你剛剛才經歷過。

除非你學到你應該要找人幫忙，並重新調整責任和復原的比例，脫離精疲力竭的境地，才能讓情緒健康完全復原。情緒或體力耗竭時，聽到別人要求你改變的聲音，也只會覺得是嚴苛的批評。要記著，當別人給你難以入耳的批評時，或許是給你回饋，想促成你的進步。能保持平衡時，才能用平衡的方法聽取批評與回應。

# 第九章
# 控制

即使生活在科技發達的世界裡，我們仍使用數千年前創造的情緒反應系統。察覺到危險，可能會威脅情緒安全感及人身安全，我們就會本能地產生激烈且立即的反應。我們天生就會彼此競爭，以便建立相對的社會地位。團體成員資格是生存的要素，但我們會彼此爭鬥，爭取和留下對個人最好的事物，因此，這些力量提高了人生的複雜度。

## 個人控制權

自我控制跟需要控制別人不一樣。然而，想要的東西需要他人的參與或同意，或其他人對我們發出令我們覺得不快的要求時，這兩種地位會有所重疊。有控制能力，通常就表示有力量去分配資源和決定結果。意思是享有自由，能得到我們想要的，並保護我們覺得重要的事物。雖然，人不可能一直隨心所欲，但就安全和健康的感受來說，每個人在生命中都有自己覺得特別重要的地方。我們無法完全控制這些領域的時候，就有可能落入無助和沮喪。在極度的情況中，無力控制的感覺甚至會剝奪我們活下去的意願。賭注這麼高的時候，即使只是少了一點點控制力，也很容易誘發劇烈的情緒反應。

## 效能

評估自我能力的方式，跟我們實際上的能力一樣重要。愛伯特・班杜拉（Alfred Bandura）博士（1997）用「效能」（efficacy）一詞來描述我們判斷自身能力的方式。相信自己能順利做好某項工作的時候，我們就有了動機，並找到採取行動的方法。通常這就需要控制局面來達到目標，確保不會有干擾或障礙。

有自信一定能成功的時候，我們可能會冒險，鼓足力氣推開懷疑。害怕自己會失敗的話，我們就會退縮，不敢跑在最前面。如果別人比較自信，效能較高，我們會讓他們去冒險，做一些讓我們覺得不自在的事情。或許你想起了，在學校的時候，你知道怎麼回答老師的問題，舉高了手用力揮舞，希望老師會選你。或許也有過這樣的情境：你不太確定答案，羞怯地等其他人開口。

感到確定和感到懷疑的時候，大腦的化學物質會改變。有些人就是比較外向和有自信，但有些人想到要負責就覺得焦慮（Depue and Collins 1999; Haas et al.2007）。兩種立場都會啟動杏仁核，為反應過度鋪路。

我們相信沒有人能控制局面時，也會觸發反應過度。碰到混亂時，大多數人會把注意力放在即將到來的危險，變得焦慮。「失控」一詞表示有可能發生災難，杏仁核會叫我們準備好戰鬥或逃跑。如此一來，自信會推著我們尋找控制，自我懷疑會引導我們把控制權推給別人，相信無人控制局面時，則會產生恐慌的感覺。大腦監控自我覺察的部位也會讓我們記下周圍其他人的回應。得到控制權或擔憂自身能力，會讓我們更難與情境中的其他人保持協調。

## 艾力克斯的故事

經濟狀況惡化前，艾力克斯很有自信，覺得工作很有保障。大學畢業後，不到幾個月就找到自己想要的行銷工作，在公司工作了十年，也得到兩次重要的晉升。但是，上星期他跟其他的總監都被告知，為了延續公司的營業，所有的部門都必須縮減人力，採取縮減成本的措施。

艾力克斯很樂意跟團隊裡的其他人一起擔任領袖的角色，但他在高層管理會議中很少發言。雖然想法很多，但是，除非他確定自己的想法是最棒的解決方案，不然他不太願意爭論。總有兩、三位同事會即刻發表強烈的意見，看似倉促，考慮不周全。在一般的情況下，他願意接受其他人提出的立場，也有時間在後續的會議中提出更縝密的回覆。但在裁員的氛圍中，需要討論的決策本質讓所有人開始爭論，以保障自己的最大利益。面對充滿攻擊性的爭執，艾力克斯發現自己陷入沉默、悲觀的心情。

在療程中，我要艾力克斯描述他在會議中經驗到的想法和情緒。為了防止他自我設限，我要他盡量誇大，才比較容易探索可能有哪些關聯。艾力克斯說，他很怕傷害別人，或做出無法逆轉的事情，說完了自己也嚇了一跳。我要他回憶生命中的類似體驗，他想到中學時代的一件事。

他跟朋友組成的小團體很討厭另一個學生，那個人老愛跟著他們。有一天他做了一件事，結果變成公開羞辱這個人。朋友並未加入嘲弄的行列，反而都保持沉默，因為剛好有老師經過，看到了這件事，也立刻把艾力克斯送到了校長室。訓話與長期留置已經很難面對了，更難受的是父母的反應。母親說他霸凌，找那位同學的家長會面，讓艾力克斯向他跟他的父母道歉。接下來的兩個月，母親還要他一起上教堂。父親說，他從沒想過會對自己的兒子這麼失望，不准他騎腳踏車出去玩。

艾力克斯覺得他因此承受的恥辱和羞愧遠超過他給同學的難堪。他發現，別人的攻擊行為沒有受到懲罰，但他被抓到，就好像判了死刑。他也發現地位互換的速度非常快，從一個安全地位採取的行動一下子就變成恥辱和羞愧。雖然艾力克斯已經多年沒想起這件事，但他在經理會議裡想提的陳述就很自私，充滿競爭意味。由於那會是公開行為，有可能傷害小團體的其他成員，他也在無意識中連結到過去的事件，也連結到多年前他承受的羞辱和名譽受損。這種察覺到的危險創造出深刻的焦慮，讓他封閉自己——大家都對這種立即的保護回應感到困惑，包括艾力克斯在內。

外爆可能比較容易注意到，也容易立刻造成傷害，內爆則可能造成不同類型的問題。如果你發現自己抽離了或排除外界的聲音，可能這件事很重要，讓你不知所措，你覺得控制不了，或不想陷入必須主控的立場。你的理由可能跟艾力克斯的不一樣，但或許也源自某件事，與當前的情境沒什麼關係。

## 習得的無助感

一九六〇年代中期，馬汀．塞利格曼（Martin Seligman）博士及史蒂芬．邁爾（Steven Maier）博士在賓州大學的實驗室裡進行了一系列的研究（Seligman 1975）。他們很想知道動物怎麼應對無力控制的情境。在他們最有名的實驗中，狗會受到隨機的電擊。在稍早的實驗裡，狗學到了表演特殊的動作可以停止電擊，但在這場實驗裡，做什麼都沒有用。最後，狗放棄了掌控情境，變得悶悶不樂。牠們對食物、交配和玩樂都失去興致，展現出嚴重憂鬱的各種症狀。後續用老鼠做的實驗結果指出，環境改變後，即使動物可以逃離苦難的源頭，牠們卻試都不試。塞利格曼博士及邁爾博士發明了「習得的無助感」（learned helplessness）一詞，當我們做出結論，覺得控制不了持續帶來痛苦的情境時，所產生的憂鬱感受就是習得的無助感。習得的無助感出現後，未來變得沒有希望，我們也不在乎了。

把效能理論和習得的無助感理論放在一起，可以明白為什麼我們一定要相信自己可以做到某些事情，藉此幫自己達到目標。相信自己，能提高主動性，帶來推動向前的能量。自信幫你建立的期待是你能控制成果並成功達到。相反地，當你放棄控制，你採取被動的地位，仰賴他人的力量和能力。發現自己失去了所有的控制，無力影響當下的情況，你可能會暴怒，或乾脆完全放棄。

## 共有控制權

這個世界有很多專業知識和大型組織，每個人都會碰到個人力量不足的情境。深信自己得到很好的照料時，相對也比較容易交出控制權。但是，如果你的個性就是很難讓別人掌控，你的人生可能會充滿了不必要的壓力。你也會發現，你盡量避開讓你進入被動地位的情境，即使避開這些情境可能會危害你的健康。

察覺到危險時，會有焦慮的情緒反應，要打退那種焦慮感，就得拿回控制權。你如果願意去質疑最初製造出焦慮的假設，碰到需要交出控制權的情境，會更容易放鬆，也覺得自在。知道事情會如何開展，對負責的人愈來愈有信心，通常就可以找回安全感。舉個例子，健康照護專業人員發現，為了讓病人更加配合治療，一定要提供衛教。花時間解釋診斷程序或治療方案，病人也會更容易聽從他們的指示。在醫療程序中，可能必須在密閉的空間裡靜止不動，並暴露在巨大的聲響中，當然不那麼舒服，但是，如果我們了解這個程序只需要二十分鐘，在必須保持靜止的過程中也可以短暫休息，焦慮感就會減退。無法掌控局面時，我們會產生無助和擔憂的感受，知道接下來的情況，就可以消除這些感受。

## 培養控制權

接受父母管理的時候，小孩能享受到安全感，但是到最後，碰到會影響自己的決定，他們也會想要更多的控制權。就連嬰孩也知道自己什麼時候想被抱起來或餵食，所以具備了強大的聲音技能，可以影響環境。在想要某個東西的時候得到自認需要的東西，已經是「可怕的兩歲」時期的主題，小孩會大哭大鬧和尖叫，讓掌權的人屈從於自己的期待。佛洛伊德說這種行為叫作快樂原則，認為不論教育和社會化的程度，人一生下來就有追求快樂的動物本能。我們想拿到想要的東西時，為了控制結果，會變得有攻擊性。

家庭治療師接受過訓練，會檢驗家庭中的權力結構。儘管在不同的文化中有不一樣的家庭結構，在幾乎所有的家庭裡，成人在小孩面前應該都有威信。例如，幼童的家長應該要能自在使用權力，制定和執行規則，來管理孩子。聽起來可能平淡無奇，但是讀者可能沒想到，其實有很多家長做不到，反過來被孩子管理。

## 取得控制權的後果

在成長過程中，小孩會努力讓父母相信，他們夠成熟，可以決定重要的事情，或至少說出自己期待的結果。他們很快就學到，為自己的決定負責有相應的代價，當情況不太順利時，他們要承擔後果。男孩讓爸媽決定他應該去籃球營，而不是電腦營，最後覺得不喜歡，就可以抱怨跟批評父母。但是，如果他自己選擇了籃球營，他就只能怪自己了——尤其是當爸媽一開始就提出反對意見的話。

不讓年長的孩子做決定，從錯誤中學習，長久下來，就會看到不良的後果。覺得自己最清楚情況的爸媽做決定的時候，常會根據自身的偏好，或者他們為孩子規劃的願景。如果爸媽不願意承認孩子跟自己不一樣，他們就享受不到孩子能帶入他們生活的新奇事物。如果小孩因為夢想和目標跟爸媽不一樣，就不得不覺得自己做錯了，或能力不足，這個孩子可能會拒絕父母的參與（或許轉向家庭外個性感覺更合的人），或犧牲自己的認同，來符合爸媽僵化的期待。多年後，受到批評，或被要求妥協的時候，他可能會有強烈的反應。即使希望有個人控制權，他或許還是會去跟隨強勢的人，這些人似乎對自己認定的對錯很有自信。

## 爭取控制權

長大成人後，可以歡慶你終於年紀夠大，可以自己做決定。考到駕照，表示你有駕駛能力，能控制一台汽車；到了可以買酒精類飲料的年齡，表示旁人可以信任你，讓你為自己的健康負責。足齡擁有投票權，並不代表你要負責治理國家，但可以透過投票給代表自己的候選人，得到一些控制權。同時，成人後我們來到一個生命階段，準備好與另一名成人建立親密的聯繫。不巧的是，兩個人不會擁有完全一樣的觀點，控制權又再度變成主要的問題。

兩個人成為伴侶後，會馬上發現自己對另一個人有強大的影響。伴侶要面對的決定不勝枚舉，例如誰負責做哪些家事；是否要花時間找朋友、陪伴家人或彼此，或獨處；怎麼花錢跟存錢；怎麼結合兩人的喜好裝潢共享的空間。即使覺得自己跟伴侶很配，也願意承諾，但在重要事項上的妥協仍可能帶來衝突。在這些情境中，得到控制權就等於有決定權。

在伴侶關係中享有掌控的方式可能不那麼明顯，也不一定誠實。只要兩人都同意取捨，兩人之間的權力不一定要隨時保持平衡。有些夫妻相信他們其中一人在某個領域更有經驗或能力，也應該賦予對等的權力。然而，當其中一人想奪取控制權的時候，情況一定就變得複雜。控制他人的方法有很多種。有些人對自己有信心，威脅另一半要予以傷害或負面的結果。但是，也有一樣不公平的顛覆性戰術。丈夫可能會損壞妻子的名譽，威脅收回愛或支持，好為所欲為。妻子可能會讓偏袒她的外人介入，贏得上風。

這些戰術都有問題，伴侶關係必須含有信任與互惠，才能順利。如果我們相信伴侶在不同的場合也會做出相同的犧牲，犧牲和妥協的意願就會提高。用蠻力或不可靠的戰術抓住自己想要的東西，會磨損善意，伴侶也會變得多疑、不信任和充滿敵意。

從我的觀點來看，這是一種攻擊自己的循環。承諾和關心帶來的安全感是伴侶關係的養料。舉例來說，如果彼得因為女朋友跟朋友講電話講個沒完而生氣，他可能會覺得受到威脅、不安全、嫉妒或被剝削。在這個案例中，他需要陪伴和認同，但沒有被滿足，其他人得到了他想要的注意力，他被忽略了。彼得可以選擇信任，如果他告訴伴侶他的感受，她會回應他的需求，也可以決定他必須控制情況，自己來解決。如果他用權力戰術，要她掛電話，女朋友很有可能會生氣，心懷怨怒。她可能會反擊，或甚至為了發洩，決定跟朋友講更久的電話，或者因為彼得嚴厲的手段而需要朋友的同情。但是唯一可以確定的是，抓住控制權，彼得也一定會讓自己永遠得不到他真正想要的東西。

## 放棄控制權

我們應該要了解驅使某些人得到控制權的動機，但也應該了解為什麼有些人會把他們可以留下的控制權交給別人，或很輕易放棄。

## 害怕衝突

因為害怕衝突，我們很容易提早放棄。覺得另一個人比較強勢的時候，要去違反他的期待，很多人會因此心煩意亂，在某些情況下根本做不到。

成人發怒時，很容易嚇到小孩，讓他們焦慮。很多人從小在家裡就要面對家庭暴力，父母的嘲笑、威脅和侮辱，以及對彼此的攻擊也留下了痛苦、充滿情緒的記憶。目擊或體驗家庭暴力時，恐懼及害怕就埋進了我們的情緒記憶庫。即使不記得細節，碰到可能出現暴力的情境，就會馬上誘發那些感覺。大腦在不合與暴力之間發展出神經連結後，碰到不合及回應，杏仁核會立刻察覺到危險。為了適應，我們會選擇避開衝突，在最低限度上也偏好逃避。

## 害怕被拋棄

父母靠著撤回愛和肯定來建立控制權的話，也會替小孩製造問題。在兒童期，我們最需要的應該是安全感，期待有需要的時候父母一定會支持，就建立了安全感。無法信任父母，因為他們無法提供安撫和保障的話，我們就搞不清楚是否要繼續依賴他們，還是應該放棄。有些孩子的處理方式是死不肯離開爸媽，好得到他們需要的保障，但有些孩子就不理爸媽了，再也不相信自己有需要的時候能得到別人的幫助。多年後，如果你挑戰伴侶對情境的控制權，所以他威脅要離開，被拋棄的舊有情緒記憶可能會讓你避開衝突，不敢再冒險。

## 特權

如果你覺得自己該得到優待和最好的東西，就更難要得到你需要的東西。特權的意思是你相信自己的能力比別人強，應該得到某些特殊權利和例外。有自戀傾向的人常覺得自己該有特權。自戀可以描述為防禦的模式，自戀的人會過度依賴他人的意見回饋來調節自尊。難以忍受軟弱的話，就很容易把事情看成都很好或都很壞，也就是分裂的印記（J. P. Siegel 1992）。在自戀的影響下，我們可能會只關心自身需求的重要性，看不到對別人的影響（Judge, LePine, and Rich 2006）。我們可能也看不到大局，一心只想讓自己佔優勢。自尊受到威脅的話，就一定會反應過度。

## 找到舒適的平衡

找到控制的舒適圈向來不容易。我們對自己的能力要有符合實際的自信心，也要能尊重其他人的能力，即使他們有不同的想法或目標。

要放棄控制權，就必須信任別人或我們加入的組織，接納自己不一定能影響重大事物的結果。願意鬆手，通常就需要別人伸出援手，並承認自己需要依賴別人，而不是表現得就像我們可以靠自己得到需要的一切。同時，我們也必須冒險，如果我們的利益與他人的衝突，就可能造成彼此之間的衝突，我們也要建立自己的價值觀，期待能與人分享權力和控制。無力帶來的絕望一定會讓控制權出現問題，不想與他人共享控制權的時候發展出的拮抗作用也一樣。

## 無力控制

感到沒有控制權的時候，我們很容易產生習得的無助感及沮喪。心心念念都是看似失控的東西，就會覺得更無助。如果你了解妨礙你的信念是什麼，才有可能爭取或奪回控制。考慮下列問題：

- 別人對你的要求，哪一項讓你感到害怕？
- 你是否懷疑自己的能力，不知道什麼才是對自己最好的？果真如此，你有沒有在類似的情境中採取主動，表現得很好？這一次為什麼不一樣？
- 如果你保持被動，獲利的是誰？
- 如果你決定更強勢一點，最糟糕的結果是什麼？
- 你是否擔心會造成衝突？
- 你是否害怕如果不屈服的話會被拒絕？
- 捍衛自己的權利，是否讓你變成你討厭的人？

## 過度控制

爭奪控制時，非理性的焦慮或自戀的防衛常變成我們的主宰。我們希望事情能完全按照自己的設想，表示即使不同的想法和做法能改變我們的人生，我們卻無法信任。不需要為自己堅持的做法找理由，考慮下列問題：

- 你是否假設你總知道什麼對自己和他人最好？
- 你是否擔心，如果你在決策過程中讓其他人參與，你就會失去權力？
- 給別人更積極參與的空間，你會失去尊重，還是贏得尊重？
- 如果你信任某人，讓他做你覺得很重要的事情，最糟糕的結果是什麼？
- 你是否總是要靠自己得到你需要的東西？
- 如果你需要的東西必須來自他人給予或自願付出，你是否就注定要讓自己失望和心碎？
- 為了不讓自己依賴其他人，所以不讓他們接近你，你錯過了什麼？

管理我們對控制的需要，有利也有弊。在有威脅感的情境中反應過度，進入全然的生存戰術模式後，強烈的反應和攻擊會傷害我們在乎的人。讓自我懷疑挑起焦慮感的時候，就放棄了控制，過度依賴其他人接手我們的工作。在艱難的情境中感受到力不從心時，我們或許就放棄了一切，也變得很沮喪。

## 經過推敲的回覆

經過思考後，我們能承認自己在受到刺激後的攻擊行為或焦慮感。找回平衡後，細看你要追求的目標，了解這個目標的重要性。花一些時間辨明效能受阻或個人自由不穩所挑起的感受，還是面臨的情境是否激發了自我懷疑或無助。問自己，你對事件的感知是否受到分裂或特權的遮蔽，你是否很怕控制權引起的衝突會把你捲進去。當你確定你對事件的解讀真的以當下為根據的時候，你才能判斷行動方案是否最符合你的利益。

## 章末練習：挑戰特權

自戀傾向常會讓人必須搶在別人前面。在筆記本裡，記下在工作和在家裡你有多常用這些方式思考。

在職場上，我（總是、有時候、鮮少）……

- 在別人得到認可或晉升時，覺得不自在。
- 對下屬有很高的期待。
- 習慣快速評斷被人。
- 跟親自挑選的團隊能有最優秀的表現。
- 忍受不了無能。
- 喜歡發號施令，不喜歡聽命於人。
- 對自己的決策很有自信。
- 寧可獨行，不想與不如自己的人成群活動。
- 相信第二名就不夠好。
- 相信競爭能淘汰不屬於這裡的人。

如果大多數問題的答案都是「總是」，是時候好好檢討你跟其他同事互動的方式了。覺得自己比周圍的人更聰明、更有能力，最後我們的行事方式會變得倨傲無禮。組織靠著團體凝聚力而欣欣向榮，通常無法寬恕傲慢或剝削的行為。為了達到自己的目標而取得控制權，或許感覺是最適合職場運作的方式，但是這會帶來人際問題，以及原本能夠輕鬆預防的錯誤。

在家裡，我（總是、有時候、鮮少）……

- 覺得我是那股力量，推動家裡的重大事項。
- 相信如果大家聽從我的指示，一切都會更好。
- 能解決所有的問題。
- 意志堅強。
- 知道什麼是最好的。
- 對自己的期待很高。
- 可以用魅力或影響力讓別人聽我的話。
- 發現自己無法妥協。

■ 無法同情找藉口的人。

如果大多數問題的答案都是「總是」，花一點時間思考這些特質會如何在你和家人的關係中挑起憎恨與衝突。你或許知道怎麼樣最好，但你愛的人跟你一樣，都是獨一無二的。讓別人保持他們的差異，或許一開始會覺得像是強迫自己妥協，但之後你會得到豐厚的報酬，享有更豐富的人生。最棒的是，家裡的氛圍會變得輕鬆，全家人更願意同心協力。

第三篇

# 情境脈絡

你不可能列出可能讓自己反應過度的所有事件或情境。同樣的基因會讓我們能察覺和回應危險，觸發你過度反應的特殊事件卻會結合你獨有的情緒記憶、基模和敏感性。你的個性和信念來自基因、家庭、文化和環境因素的塑造，是獨一無二的。

在第十章和第十一章，你看到的故事主角在工作上和家裡碰到了難題。如果你對他們的情境、回應模式或根本信念有共鳴，花一點時間記到你的筆記本上。通常，了解其他人的運作模式後，我們也會更了解自己。在這幾章後面，我沒有安排章末練習。我建議讀這幾章的時候，把筆記本放在旁邊，思索你在職場和在家的經驗。如果碰到你感同身受的故事或情境，把你體驗過的主題和感受寫下來。

# 第十章
# 職場上的挑戰

大多數人雖然都認為工作就是要有邏輯，要求表現，但在那個環境中，有一大堆潛在的觸發點會導致我們情緒崩潰。在所有的工作情境中，幾乎都能看到嫉妒、拒絕、批評和失控這些強大的觸發點。即使情境脈絡可能完全不一樣，在家庭和學校的背景中創造的基模和情緒記憶很容易再現。不論你是內爆型或外爆型，情緒反應過度都會危及你的工作表現，影響重要的人際關係。你要先了解場景背後的觸發點和信念，不然就很難管理你的反應和決定，進而傷害自己的事業成功和身體健康。

## 高成本的外爆

不是每個人面對高壓情境時都會生氣，但是大多數人總有發脾氣的時候。每間公司或工作場所都有自己的文化，以及關於適當行為的不成文規定，但是，工作場所一般不會容忍對同事或客戶不敬的員工。在工作場合的情緒爆發可能會嚴重損害你的聲譽和可信度。在某些環境中，甚至可能導致你被解雇。

## 保羅的故事

保羅自稱是完美主義者，但過高的期待常造成阻礙。雖然以優異的成績從醫學院畢業，擔任住院醫師時卻困難重重，不得不接受教學醫院的職位，他覺得自己屈就了。他不介意分派給自己的實習生，但覺得護理人員素質不佳，比不上他在受訓時遇到的專業人員，他們都很能幹，也有自信。珊曼莎真的讓他很困擾，她講話輕聲細語，在這間醫院已經工作了快四十年。大多數的職員都很看重她的經驗和鎮定的舉止，保羅卻一肚子火，覺得她走路很慢，回答問題也很慢。有一天，保羅要珊曼莎去拿一份病歷，他記得他把病歷放在病房外的架子上。過了幾分鐘，保羅開始不耐煩地踏腳，珊曼莎卻不見人影。她終於回來了，手裡卻拿著便盆，而不是不見的病歷，保羅大發脾氣。他大吼大叫，說她什麼事都做不好，應該被解雇。結果，差點丟了工作的卻是保羅。

按保羅的習慣，他心裡覺得別人跟他一樣的話，就值得尊敬，不然就比他差，不需要看重。他常常以表面的特質來評價他人，或者只感覺他們很合。珊曼莎的個性無拘無束，跟他A型的快步調不一樣，導致保羅認為她一無是處。

此外，珊曼莎隨便的個性喚醒了保羅之前的基模，在這個基模中，大家本該欣賞他的精力和捷思，但實際上卻不覺得他特別厲害。珊曼莎平靜、穩定的行事方法反映出自信的風格，讓保羅覺得他的控制權岌岌可危。靠著權力得來的尊重就像保護罩，少了這層保護，保羅覺得受到威脅，她可能會扭轉形勢，暴露他其實沒什麼經驗。

如此一來，他就不能負責決策，而要聽命於她。不知道為什麼，她在病房的年資讓他覺得自己像個外人，不受歡迎。

珊曼莎沒拿來病歷，卻拿著便盆走到他的視線裡，保羅「都很壞」的抽屜咻一聲打開了。他做錯了，把病歷亂丟，但他不願意接受閃現的自我懷疑，而是直接下了結論，認為珊曼莎找不到病歷。與平庸連在一起，令他怒火中燒，這種未經處理的憤怒佔了上風。他並未思索發生了什麼事，只判斷珊曼莎什麼都做不好。透過關聯，保羅感到不受重視，也無力讓病房的運作方式符合他心目中的頂級病房。因著一些不當與缺點，他認為這家醫院不如拒絕他實習的那一家，此時，珊曼莎成了一切不當與缺點的化身。必須忍耐像珊曼莎這樣沒有能力的人，就像為了自己的缺點得到不公平的懲罰，他對自身失敗的不滿也直接發到她身上。

否認讓保羅無法認同珊曼莎早已確立的長處和經驗。投射讓保羅覺得珊曼莎才是無能的人。分裂讓保羅覺得不足，不然他應該可以相信珊曼莎沒做錯事，在反應前先了解真相。他應該能發現她其實很有效率，找到了不見的病歷，他以為放在病房門外的架子上，其實不在那裡。保羅習慣一下子就下結論，而且常常犯錯，珊曼莎很有耐心地處理，還利用回到護理站的時間做了份外的工作，給病人良好的照顧，也提升了病房的效率——但這名沒有經驗、自大狂妄的年輕醫生卻不能了解。

## 修正錯誤

或許你跟保羅一樣，有時候覺得你很看重的東西被拿走了。保羅非黑即白的思維讓他相信，一家醫院不是很棒，就是很糟，與一家沒那麼會有名氣的組織拉上關係，表示他是輸家。如果保羅能注意到每次走進醫院時身體的緊繃，或他對珊曼莎的強烈反應，或許就能警告自己，困境就在眼前。如果他能問自己有什麼感受，辨別出他覺得失去了哪些他應得的東西、忿恨自己在別人眼中沒那麼優秀，並因為不能控制他依賴的團隊而生氣。如果保羅了解他有分裂和洪水的傾向，注意到自己開始覺得不耐、氣憤或委屈的時候能質疑自己的思維模式，一定會很不一樣。如果保羅能發覺自己對觸發點的身體反應，就能辨認加速的心跳和奔走的思緒都是警訊，警告他在開口前應該冷靜下來。在缺乏自知之明的情況下，保羅杏仁核內發動的大腦化學物質讓他為了佔優勢而必須堅持己見，但也關閉了通往大腦思考部位的神經連結，不然他就有能力質疑自己的感知，保住工作。

## 特權

保羅有自戀傾向，自認有特權，才會讓自己陷入窘況。如果工作只跟成就有關，那麼自戀其實是好事。為了超越目標，自戀者會長時間工作，接受別人望而生畏的挑戰，也會提出有創意的解決方案，來打敗競爭對手。然而，自戀傾向的不利之處可能會危害工作環境及人際關係。

保羅需要建立優越感，因此逼自己努力達到高標準，有時候或許是好事，卻完全無法幫他建立團隊技能。即使你自己是公司的老闆，自戀傾向也可能造成嚴重的問題。如果你習慣很快地判斷別人，可能就會把同事列入過分簡化的類別，一類是你信任的，另一類是你不尊重的。無法忍受能力不夠的人，簡單的錯誤就會讓你反應過度，即使員工相當有才華跟潛力，也會被你傷了自尊。員工感覺被利用，得不到支持，就會耗竭他們對組織的善意和承諾。

如果你不是老闆，問題可能更多。出於自戀的防衛會讓我們從偏頗的角度看自己的成就。研究顯示，自戀的員工常覺得自己應該得到晉升和報酬，但他們其實還不夠格（Judge, LePine, and Rich 2006; Penney and Spector 2002）。他們為個人成功付出的努力或許要別人付出代價，甚至可能不符合公司的需要。不論你是自由業，還是受雇於大型組織，出於自戀而追求完美的話，會讓你對失敗極度敏感，更容易在不順利的時候責怪他人。

## 高成本的內爆

有些人早就知道，最好不要惹事生非。有時候能這樣也不壞，尤其是當別人情緒高漲，無法控制自己口出惡言。但有時候，我們就是還沒準備好發起挑戰，就想避開問題。

## 倦怠

很多人用「倦怠」一詞來描述對工作的恐懼，在這種狀態中只希望能夠辭職。想到要有足夠的精力和熱情去熬過一整個星期，就覺得無望，對別人抱怨我們覺得枯竭了、不受重視，而且得不到回報。我們可能因為特殊的事件而生氣或難過，但我們不相信能找到問題並加以修正，反而把感受埋在心裡。在不明原因的情況下，我們就淹沒在無助和絕望中。

## 露絲的故事

露絲發現工作上的事情每況愈下，發現自己一到辦公室就盯著時鐘，只想下班，這時她決定接受治療。吃完午餐後，她必須強迫自己回到辦公室，發現上個月請的病假已經超過到職六年來累積的天數。在治療時，我要露絲準確說出她對工作的態度什麼時候出現變化。她回想起在公司合併前，她其實很愛自己的工作。她喜歡她的案子，也喜歡跟她的團隊合作。她的上司珊迪要求很高，但很公平，在合併案宣布前也幫她升了職。公司合併後，她的職務改了，換了樓層，組織結構也變了。以前，她有自己的對外開窗辦公室，植物也能曬到足夠的陽光，現在只有一張小辦公桌，沒什麼隱私，也看不到外面。

雖然一開始她以為能跟兩名舊同事繼續合作，也鬆了一口氣，後來卻發現男生似乎很團結，聊天時都不找她。聽他們一起說笑時，她也試過插入，但幾個星期後就放棄了。有一次，她說新上司真的很堅持文法的對錯，一名同事說，「看來珊迪再也不能罩你了。」露絲發覺，他們其實不滿她與珊迪的親近，顯然覺得她不該升職。從那一天開始，只要看到他們或聽到他們的聲音，她就很緊張。她很擔心他們會找她麻煩，再也不會支持她，反而希望她一敗塗地。露絲甚至開始疑惑上司是否掩飾了她的弱點，少了珊迪的指引和輔導，她說不定會被解雇。

露絲已經切割了很多重要的感受。合併案讓大家都很擔心工作不保，還有隨之而來的人員變化。她也覺得很難過，不能再跟珊迪共事，因為她已經把珊迪當成自己的長輩，可以信任跟依靠。得到珊迪的認可，對露絲來說意義重大，現在則有一種難以言喻的空虛。但是，當她看到新的辦公室配置，她明白再也沒有人能給她指引，或分享她的小確幸，例如植物上新增的花苞。她覺得很不公平，都工作六年了，現在卻要從頭開始。發現同事的憤恨，又不願意支持她，露絲覺得很孤單，也很脆弱。她對新工作環境的競爭本質更有感覺，面對突如其來的攻擊，她可能無法保護自己。碰到這些事情，光一件就很難處理了，一起來的話就把她推入了情緒麻木的狀態。

要是露絲能辨別自己的感受，問自己是否讓舊有的情緒記憶提升了強度，情況就不一樣了。她會發覺，職場的新狀況觸發了一直沒有好好處理的童年經驗。最重要的經驗是，在她小時候父親換了工作，他們搬到美國的另一端，她失去了最好的朋友跟社會地位。露絲或許還記得，爸媽太忙了，沒想到要幫她處理她的失落和挑戰，她在新的學校遭到排擠，最後被班上的同學霸凌。露絲的消極變成延續兩年的夢魘，這個夢魘再度浮現，造成了現在的陰影，讓她感到無力，情緒上無所適從。

## 職場上的拒絕

雖然我們不會在職場上比誰比較受歡迎，但確實需要歸屬感和接納感。即使你個性上喜歡切開私人生活和工作，但你應該要知道怎麼跟同事建立和培養關係。畢竟，同事會參與決策，有可能影響你的目標和機會。即使你的想法很牢靠，如果團體裡有一個人脈更好的人反對你的方案，很有可能整個團體都會站在他那邊。如果握有控制權是你的一個觸發點，那很有可能你會一直反應過度，導致惡性循環永不停止。

專門研究職場的心理學家才開始探索遭到同事拒絕的動態。過去的研究即使已經解釋了我們會怎麼回應嚴厲苛刻的老闆，但新的研究指出，被同事排擠或當成代罪羔羊時，我們更有可能做出反應（Penhaligon, Louis, and Restubog 2009）。如果公司的文化能容忍激烈的競爭以及對職位的圖謀，有些員工的反應方式是變得更有自信。在整個團體都要對抗不安和焦慮的時候，選擇退後或內爆的人很容易變成目標。如果懂得利用察覺能力，確認我們的感受，思考職場動態的想法會更清楚，並提出有成效的選項，童年時代的不幸經驗也不會造成陰影。

## 深思熟慮的觀點

愈加熟悉會讓我們在辦公室反應過度的動態類型後，我們就能做更好的準備，管理好反應。工作上一定會與他人建立關係，這些人可能會爭奪控制權、批評我們的表現，並與我們競爭，醞釀出嫉妒和憎恨。職場也是競技場，我們會測試自己的能力和效能，忍受失望，偶爾則要忍受失敗。對很多人來說，工作是身分與財務安全感的重要因素，也與自尊息息相關。在私人生活中，情緒反應可能跟在辦公室一樣激烈，跟在職場上一樣，在處理資訊時需要深思熟慮，才能保持情緒健康。

## 負責

反應過度可能會對你在他人眼中的形象造成負面的效應。如果你在辦公室崩潰或大發脾氣，你最好要為自己的行為負責，試著修復受到影響的關係，而不是假裝沒事。勇於道歉，並承認自己壓力太大，大多數同事都能體諒。如果同事們發現你真的很後悔，把他們捲入不相關的問題裡，他們很有可能就會一笑置之。你也應該先採取行動，向目擊或聽說你反應過度的上司、老闆或客戶道歉。你要有足夠的成熟度和謙虛，才能做得到，如果別人覺得你不成熟或有種特權感，也需要這兩種特質來抵銷這樣的印象。你或許認為內爆型的反應過度不會妨害別人，其實不然。如果你封閉自己，且喜怒無常，你會隨時帶著這樣的氛圍。批評和悲觀會打擊同事的精神，讓大家不敢靠近你。負起責任，承認你管理壓力的方法不夠好，或許有助於修正你投射出來的形象，開啟潛在的人脈，幫你反轉當前的情境。

# 第十一章
# 家庭環境中的挑戰

為什麼我們對待同事或朋友的時候有一套規則，對待生命中最有意義的人卻用另一套規則？有時候，我們能承認，不需要面對工作環境中的申誡或後果時，比較容易宣洩怒氣，但大多數我認識的人都很後悔他們的反應過度傷害了伴侶、爸媽或孩子。

## 日常生活

身為家中的一份子，我們很容易想起小時候形成的記憶。儘管牽涉到的人可能完全不一樣，但與批評、嫉妒、拒絕和控制相關的觸發點卻很容易啟動。共同生活在一起，表示我們一定得面臨同樣的要求和問題，在小時候也因此造成了不少混亂。或許我們長大了，更有智慧了，但不一定能妥善處理日常生活中的情緒雷區。每次進入佈滿情緒地雷的區域，我們就被掃回尚未完全解決的期待、情緒記憶及童年的信念。大腦一發現某個事件有危險的時候，就為反應過度搭好了舞台。

## 高成本的內爆

如果童年的經驗讓你難以表達自己的觀點，不敢面對衝突，你會發現自己一再逃避問題，直到再也無法逃避。

## 莎拉的故事

上星期，莎拉打電話來取消約診，她跟丈夫羅伯正在進行婚姻諮詢。「我覺得沒有用，我也沒力氣繼續試了。我想離婚已經想了快兩年了，我不想繼續拖下去。」我勸服了莎拉不要取消，問她為什麼這麼消沉。莎拉開始說起女兒的足球賽，以及羅伯的行為有多糟糕。那天小孩的時間排得很滿，爸媽需要把一個孩子送到棒球場參加比賽，另一個則要送回家淋浴，然後去上音樂課。最後的哨音一響，羅伯就急著去莎拉的車上拿他答應要帶給全隊的棒球裝備跟水壺。她只能匆匆跟著他，懷裡抱著一大堆練習球、沒吃完的零食跟兒子的背包。最糟糕的是羅伯發現車門鎖著，大吼著要她快點，不然他會趕不上球賽。那一刻，她的婚姻故事全併在一起。她一直不堪重負、被視為理所當然，而且必須回應他的命令。她夢想著自己的伴侶會英勇地說要幫忙拿孩子的東西，感謝她的努力，但是夢想已經愈來愈小，小到快看不見了。

那個把裝備換台車放的時刻充滿了困擾，我在療程中加以探索，發現那個時刻釋放了無數的記憶，羅伯和其他家庭成員把重擔放在她身上，但似乎一點也不在意，也不關心。要是莎拉在比賽的結尾收拾東西時，能注意到自己的感受，情況可能會很不一樣。她可能會注意到，看到羅伯不經意轉過身去的時候，她的胃就打了兩個結。如果她能確定這些感受，或許就知道自己很厭惡他的行為，因為他假設莎拉會把所有的事情都做好。她或許會先發現自己在那一瞬間期待著有人看到她需要幫忙，還有她壓抑了自己的衝動，沒把羅伯跟孩子叫回來，命令他們幫忙拿東西。如果她注意到這些感受和想法，或許就能要求自己指明是哪些舊有的記憶造成了阻礙。

在療程中，莎拉辨別出哪些感覺和主題是促成離婚念頭的主因。即使莎拉知道自己覺得負荷太重了，而且得不到感激，她也不想開口要人幫忙，或抱怨其他人不肯主動伸出援手。相反地，莎拉表現得很能幹，希望看到自己既獨立又有能耐。我問莎拉這是不是她一向的作風，她向我保證她從小就是這個樣子。說起贏得錦標賽的獎牌和買自己的衣服，莎拉滔滔不絕，但要說到爸媽的照顧，她卻想不出來有什麼故事。事實上，他們的角色互換了。莎拉說，她九歲就學會煮飯和洗衣服，幫自己跟媽媽做午餐。她不覺得是母親的錯，也不想回憶她們的生活有多麼艱難；莎拉滿八歲後，過了幾個星期，父親單方面決定離婚。莎拉的母親努力找了一份工作來維繫生活，但她精疲力竭，也因此很沮喪，就把家事的重擔都交給莎拉。更糟糕的是，莎拉的母親每天都在晚餐後直接躺到床上，哭到睡著。

莎拉對爸媽的敬重就此煙消雲散，她認為母親的情緒需求是造成父親離開的一個理由。莎拉依然很愛她的父親，但她自己做了結論，男人面對太多要求時，就會決定離家。我幫莎拉弄清楚首尾後，她才想到原來童年的負擔讓她想保護孩子，不讓他們承擔責任。為了不重複母親的軟弱，並確保丈夫孩子的需要都能被滿足，莎拉建立了永久的循環，沒有人會照顧她。她不知道其實自己可以開口要人幫忙，卻重複了那個讓她滿心憎恨和失望的過去。

開誠佈公後，羅伯也表達歉意，他一心想著要去棒球比賽，沒注意到莎拉的難題。他也強調，如果莎拉開口要他幫忙，他會很樂意幫她搬足球。他只是沒想到她有困難。療程進入尾聲時，這對夫妻開始討論怎麼向彼此確認事項，防止類似的壓力，他們走出去的時候，莎拉對著一小時前她一心想離開的丈夫微笑。

## 自給自足

很多人都曾陷入莎拉的困境，每天忙著盡義務與負責任。他們跟莎拉一樣，在成長過程中不信任有人能分擔他們的重負。成立自己的家庭後，或許就有機會改變做事的方法。即使在你需要幫助的時候，得不到父母的協助和干預，並不表示這個模式無法打破。如果責任讓你精疲力竭，就很難避免反應過度。

## 高成本的外爆

生命充滿了失望，以及常常不順利的時候。例如忘了設鬧鐘、狗狗跑去挖垃圾桶、冰箱裡的牛奶過期了。但是，有些家庭不會學習如何彼此幫助，協力解決這些問題或找到幽默的一面，有時候只是為了找碴而爆發了緊張局面。

## 伊森與奧麗薇亞的故事

伊森和奧麗薇亞知道兩人都有完美主義的傾向，但在婚後頭幾年還算開心。從法學院畢業後，兩人都找到很好的工作，慶祝結婚週年時，他們相信能幸福過一輩子。兒子出生後，奧麗薇亞辭掉工作，伊森又發現他在事務所沒什麼機會升職，他們面對了戲劇性的變化。學貸和新公寓的貸款讓兩人感受到財務的壓力。

奧麗薇亞知道伊森必須加班工作，但她私下相信他的事業不成功是因為他很健忘，而且他必須加班才能結案。有一天，伊森一大早衝出門，卻發現車子的電池壞了，結果兩人大吵一架。他急忙向奧麗薇亞宣布，如果她不放下手邊的工作，開車送他去車站，他就要遲到了。奧麗薇亞必須準備好送兒子去幼兒園，兩人都還穿著睡衣。伊森的口氣讓她滿心煩躁，奧麗薇亞冷冷回覆說，如果前一天晚上睡覺前，他記得去檢查車門有沒有關好，全家人就會過得更輕鬆。這句話讓伊森勃然大怒，說奧麗薇亞總愛假設什麼都是他的錯，如果她願意去找工作，他倒很樂意現在還穿著睡衣。不到幾分鐘，兩人都扯著嗓子大吼，兒子哭了起來，伊森要搭的火車班次也走了。

## 更好的解決辦法

要容忍內疚、無能或羞辱等感受很難，面對情境裡的另一個人，我們則可能感到憤怒。我們沒發覺自己的沮喪或失敗感喚醒了痛苦的情緒記憶，卻以為表達需要或受傷的那個人是故意的，想讓我們難過。雖說我們「不該遷怒帶來壞消息的人」，但還是會造成不必要的緊張。最後，表達需求的人遭到攻擊，原本可以輕鬆解決的問題卻淹沒在爆發的情緒中。

很多夫妻接受治療，因為他們覺得無法安心表達自己的需要和期待。如果你相信自己沒有發言權，那就危險了，你會進而覺得受到忽視、沒有控制權、根本微不足道。把恥辱或內疚轉為暴怒的成人常聽不到孩子的訴求，即使情境有可能走向快樂的結局，他們也忍耐不了。一定要責怪別人的話，我們就無法收錄該學的教訓，也無法提供支援，找回善意。未解決的情境很容易滋生出憤恨，加劇時更如野火燎原，不可收拾。

## 負責

在本章的故事裡，提到被人忽略、誤解或責怪時的反應，或許你也感同身受。在我合作過的爸媽和伴侶中，有很多人發現這些感受是他們的觸發點，導致他們退縮（內爆）或宣戰（外爆）。在第十二章和第十三章，我會幫讀者思索怎麼防止反應過度，但如果你已經反應過度，傷害了你在乎的人，也要好好思考怎麼負責。

對你和你想要修補關係的人來說，解決反應過度都非常有意義。你能深思熟慮後再反應，表示你懂得反省你的觸發點、辨認感受，並釐清了最有可能把你推進這種極端狀態的防衛和情緒記憶，這時就有了解決辦法。能夠展現出一個更認真思考的自己，讓那些體驗過你反應過度的人看到，對每個牽涉其中的人來說都有好處。彌補受傷的感受和失望，就能為你最看重的關係添加重要的成分。一家人都不太能夠有同理心或為自己的過錯道歉時，大家都會痛苦，但感覺到有人關懷並能了解自己的話，這種強大的情緒資源對大家都有益，每個人都能在其他人有需要的時候提供支持。你可能今天是提供這個禮物的人，但明天就換成由你來接受。

與我們關心的人彌補反應過度的後果，也是改善感受的重要方式，才不會讓這些感覺歸檔到結局很壞的記憶抽屜裡。如果歸檔到「都很壞」抽屜的事件在開端就能好好修補，最後就不會到那個抽屜裡了。誠心道歉，承認你的反應過頭了，也能幫家庭成員或朋友緩和他們的情緒，他們就不太可能把這次爭執記在心裡，跟其他的憎恨放在一起。

為了讓雙方都能有這種體驗，記著，你的反應過度很有可能或多或少就是來自另一個人的反應過度。每個人發脾氣的理由都不一樣，冷靜下來的模式也不一樣。如果你覺得冷靜了，想去彌補關係，但另一個人依然很生氣，你的努力會被他回絕。

為了達到目的，可以試試看下列的方法：

- 下決心開始前，確定你真的冷靜下來了。
- 要記得，你的目的是修復破裂的關係，不是為了證實你沒做錯事。
- 問朋友或家人是否夠冷靜，可以跟你討論如何消解事件。如果這個人依然有情緒化的反應，告訴他你真的很想修復關係，等兩人都有足夠的時間，拉遠與情緒的距離後，或許再試試看討論。
- 保護你的杏仁核。如果感覺到危險，你的情緒可能又會受到刺激。別忘了掃描你在第二章學到的那些身體反應，這些反應表示你正要進入非常激動的狀態。如果注意到你有這些反應，不如先停止沒有效果的對話，免得再次升高成反應過度。
- 時刻不忘目標。規劃好你的對話，保持平靜，樂於接受意見，可以看到很大的差異。還記得第二章教你如何建立連結的練習嗎？在別人描述與你完全無關的事件時，比較容易表現出興趣和同理心；而當別人告訴你怎麼傷害他們的時候，在聆聽時很容易感到他們在責怪你。為了修補反應過度，你需要把注意力從自己身上移開，放到你希望能彌補關係的那個人身上。如果在聆聽時你能不打斷對方，並辨別出那個人體驗到的一兩種感受，你就朝著正確的方向邁出了一大步。

如果無法修補反應過度造成的傷害，我們很可能會感受到內疚、恥辱或自責，這些感受轉而增強了一開始造成反應過度的模式。

# 第四篇

# 新的策略

現在，你應該更了解反應過度時的身心狀態。你評估了自己的回覆模式，也想過你特別敏感的主題。透過練習和他人的故事，你看到緊張、壓力和舊有的情緒信念都會造成阻力，讓你無法做出更好的判斷。最後，你也思索過很多人在職場和私人生活中碰到的觸發點。在這一篇，你會學到怎麼綜合所有的資訊，找到新的方法，來預防反應過度，和處理爆發的反應。

# 第十二章
# 保持專注

大腦化學物質、情緒記憶、根據基模的期待及無用的防衛機制綜合起來，就有可能產生反應過度。感覺到有可能反應過度時，最重要的就是暫時讓自己遠離觸發反應的情境，想辦法平靜下來。有時候，你可能真的需要走開，尤其是當你的反應有可能危及他人的時候。有時候，除了建立心理界限，別無他法，你才能找到新的心態來思考和感受。

在這一章，我會回顧保持專注的重要性，也就是回歸情緒平衡的狀態。也要學習在探索反應時認真思考，直到你清楚了解你的感受，以及觸發反應的情境。等你辨認出讓經驗變得更劇烈的情緒記憶，找到方法挑戰因而啟動的防禦分裂或洪水，才能達到情緒平衡的狀態。

## 辨別身體的變化

杏仁核啟動後，大腦的化學物質改變，會產生一些身體反應，你可以學習辨別這些反應。腎上腺素及皮質醇會讓我們進入激動的狀態，稱為廣泛性生理覺醒。中央神經系統啟動後，心跳、呼吸和腸胃都會出現變化（Schore 2002）。準備好打鬥或逃跑的時候，能量會湧進肌肉，讓我們的身體能做出反應，卻也同時讓身體無法處理資訊。實際上，全身都會體驗到這種反應狀態，表示杏仁核正在高速運作。你的注意力可能會被引導到觸發反應的問題上，但更重要的是去注意這些症狀。

第二章的身體掃描練習幫你更熟悉身體的反應方式。你學會注意放鬆時身體不同的部位有什麼感受，也能辨別想到特定情緒記憶時身體的改變。能夠掃描和收錄身體的變化，非常有用，可以幫你防止反應過度。每次大腦接收到可能威脅健康的信號，全身都會收錄這樣的資訊。如果能早點發現自己失衡，就更容易找回專注。

下一次碰到充滿壓力的情境，檢查自己是否有下列的體驗：

- 覺得脖子僵硬或緊繃。
- 感覺臉紅或發熱。

- 心跳變快或一直跳得很快。
- 覺得反胃，或感覺肚子像被人打了一拳。
- 開始出汗。
- 掌心發黏。
- 覺得麻木。
- 無法專心。
- 覺得心不在焉，或滿腦子不適當或雜七雜八的想法。

了解身體對刺激的反應方式，是你最需要養成的能力。知道自己的反應方式後，你就更能察覺到細微而有意義的變化，告訴你是時候用上你學會的技巧，來處理反應過度。

## 冷靜下來

身體一發出警告，你已經進入高度刺激的狀態時，你的第一優先應該是回到情緒平衡的狀態。你可以試試看不同的練習跟策略，不過也無法預料哪一個對你最有效

（Augustine and Hemenover 2009）。有些建議可能聽起來很奇怪，完全不像你曾考慮過的做法。或許有些辦法你聽過了，但不明白重點在哪裡。如果某些策略別人用過了證明有效，不妨保持開放的心態。畢竟，對你而言會造成什麼損失呢？

## 描繪你的大腦功能

別忘了，大腦不同的部位掌管你的情緒、記憶和判斷。這些部位之間的連線關閉後，想用最好的方法來處理情景，卻無法取用所有必要的成分。碰到高度刺激的時候，只要停下來思考大腦裡的狀況，就可以幫你產生覺知和自省，來扭轉局面。

## 左腦與右腦

想像你在可以做腦部掃描的實驗室裡。在腦中描繪一張圖，顯示你大腦的右側全部亮起來。你也注意到左側完全沒有動靜。發訊息給杏仁核，告訴它當下的任務已經完成了。讓左腦知道你現在需要一點援助，想明白發生了什麼事。你可以說，「好，杏仁核，我知道現在有事了，但你可以慢下來嗎？一分鐘就好，我想明白發生了什麼事。左腦……你在哪裡？我需要幫助，來弄清楚這個感受，免得一發不可收拾。」

## 下層腦與上層腦

想像在你的腦部掃描圖上，腦部的下層都亮起來了。注意上層的腦功能完全熄滅。提醒自己好好注意這張圖，跟著衝動行事的話，通常只會做出後來覺得懊悔的事情。跟大腦的思考部位對話，以便透過經驗得到智慧。你可能會說，「好，本能，我聽到你的聲音了。但讓我想一想，我的經驗是否同意這是最好的決策。之後我會不會後悔這個做法？」

## 振作起來

在手腕上戴一條橡皮筋。覺得要進入高度刺激的狀態時，彈一下橡皮筋，弄痛自己。這種生理分心可以讓某些人把注意力從負面思維轉回他們的身體。採取行動後，你從被動的姿態轉移到行動和自主。為了控制情境而努力，會讓你一心只想找回平衡，幫你記住接下來需要採取的步驟，才能避免本能的反應。

## 確認你的感受

讓自己一定要辨認和確定你的感受，是穩定身心的重要步驟。在第二章，我要讀者熟悉幾十種不同的感受狀態，這些狀態都會造成憤怒、憎恨或焦慮的經驗。馬修・利伯曼博士及娜歐蜜・艾森柏格博士（Lieberman et al.2007）證實了在情緒劇烈的時候，那個練習非常有效。他們給研究受試對象看一系列具有視覺震撼力的影像，要他們標記出最適合的感受，受試者努力集中精神，選出最好的描述，便立即減弱了杏仁核及相關區域內的活動。大腦的思考部位連結到你的情緒反應時，你就更能跳脫一開始的衝動，不會直接內爆或外爆。

## 呼吸

另一個回復專注的策略則來自解決情緒困擾的正念練習（Williams and Teasdale

2007）。正念來自佛教的冥想練習，結合了正念哲學與呼吸技巧。正念練習讓我們脫離多慮的習慣，暫且放下評斷，把全副精力用於專心覺察在這個特殊的時刻有什麼感受。露絲・貝爾（Ruth Baer）博士與黛博拉・哈斯（Debra Huss）博士（2008）指出，練習正念時，需要接受別人經驗到的各種身體感覺和感受。從這個觀點來看，如果我們不會因為情緒而變得太焦慮，情緒只是來來去去的狀態。如果我們可以接納情緒就是感覺和資訊，情緒的急迫性就過去了，也會被其他狀態取代。

在正常的正念練習中，你的心智可以自由跨越思維，你只要觀察在這個經驗中的自己就好。要越過擾動的狀態也不難，只要把注意力放在自己的呼吸上，就有助於回到當下。吸氣和吐氣時全心注意身體的感受，對思緒和感覺的察覺就會更敏銳。認知到這些思緒和感覺，不完全等於觀察或反思那些觸發反應的問題。把思路放回呼吸上，情緒就有起伏的空間。

深深吸氣的時候，感覺自己跟著新鮮的空氣一起進入鼻腔、喉嚨、胸膛，最後進入腹部。吐氣的時候，把身體裡累積的緊張也吐出來一點。只要專注在呼吸上，慢慢地深深吸氣。完成一個循環後，注意身體不同部位的感受。如果察覺到有特別的想法或感覺，提醒自己，情緒狀態會來來去去，不被情緒蒙蔽時，就更容易知道該怎麼做。

很多人發現在感到焦慮時，正念很有幫助，養成每天做正念練習的習慣後，會更有幫助。跟其他的技巧一樣，學會讓你的焦點脫離過度思考，持續在感到平靜時練習，會發現愈來愈容易，效果也更好。

## 引導式圖像

反應過度可能用時不到一秒，但很多人發現自己事後仍會暴躁好幾個小時，甚至好幾天。他們會反覆思索觸發點，也因此反覆再度進入高度刺激和緊張的狀態。碰到危機的時候，你或許沒有時間或私人空間馬上就想到使用引導式圖像，但等有時間的時候可以試試看，效果很好。

在第二章，讀者透過引導式圖像的練習，實驗正面情緒記憶的力量。你學到如何回憶起特殊的事件，把你的注意力移到你記得看過、感覺過、聞過跟聽過的東西。光是想起這次美好經驗的細節，就有力量喚醒你的情緒記憶，感覺到那個時刻體驗過的安樂。知道哪些記憶最能安撫你，或恢復你的自信，在你準備好打開情緒檔案櫃的「好」抽屜，將自己浸潤在正面事物中的時候，就更容易取用那段回憶。選擇這麼做的時候，你就真的用到了你的心智來轉換回覆模式。

## 挑戰你的感知

你的回覆不經思索的話會變得愈來愈激烈，找到方法打斷這樣的回覆，然後便需要檢查你的解讀和結論是否不可靠。你或許很明白自己有哪些觸發點，知道有一個被啟動了，但或許要花一點時間才能好好思考，確認被啟動的觸發點。你可以用下列的做法來提供助力。

## 確認你的概況

研究顯示，如果睡眠不足或壓力很大，更容易情緒過度反應。馬修．沃克（Matthew Walker）博士及艾爾絲．馮德海姆（Els van der Helm）博士收集的腦部造影研究結果（2009）指出，健康、能幹的人如果睡眠不足，暴露在喚起負面反應的情境中，杏仁核的活動會增加百分之六十。更重要的是，杏仁核與大腦思考部位之間的連結似乎衰落了，自動或直覺反應系統與杏仁核之間的連結則變強。類似的研究發現，一直處於壓力狀態的時候，大腦化學物質會出現變化，神經網路也變得不平衡。

如果你知道自己已經耗竭，或一直承受很大的壓力，很有可能你受到過度刺激，無力應對負面的碰撞。與其堅持，不如問自己有沒有方法可以推遲，先讓自己學會如何處理問題。我碰過一位女性，她發現自己在睡前很容易感到焦慮。她發現，那段期間內開端的爭執一定會失控，所以她決定要告訴自己，早上起來再解決問題的話，她能做得更好。好好休息一晚後，在對話時，她能帶出全新的觀點，自身的情緒更加平衡，也很高興自己能用這種方法處理事情，除了有良好的結果，也得到其他人的敬重。

## 探尋分裂及洪水

儘管我們無法徹底了解事件的確切順序，但高度刺激的狀態常常伴隨著焦慮，或產自焦慮。焦慮的力量也可以啟動我們的防衛機制，讓我們的感知變得模糊。開始看到事物變得兩極化的時候，表示分裂來到最高點。從這個立場產生的思緒和感受通常與過去和之前的事件有深切的關聯，那些事件都存在我們的情緒檔案櫃裡，與眼下發生的事沒有太大關係。

分裂常常會導致我們的反應很強烈。我合作過的一些人稱之為高強度，也有人說感覺是某人打開了開關。分裂時產生的思緒通常一點也不公正，而且很極端。思緒的形式通常會過度類化，例如「總是」或「從不」，還有其他類型的「非黑即白」思維。分裂通常會導致洪水，而洪水有時候比較容易辨別。突然發現自己記起其他的例子，讓你的評估有更多證據的時候，你就發動了洪水。

第五章的第二個練習幫你了解，在某些情況下，你是否很容易依兩極化的條件來思考。反應過度常常是分裂和洪水的產物，兩者結合起來扭曲了我們的思維。用過上述的一個技巧來幫你把焦點放在當下，再來就有一些重要的問題要問了：「我是否透過分裂的透鏡在看事情？我想事情的時候，是否只有最好跟最壞，不是全部就是沒有？我是否回想起類似事件發生的經驗？我會不會說『他總是怎樣』或『我絕對不會怎樣』？」要記得，不要信任你在分裂和洪水影響下做出的結論。一定會很偏頗跟極端。如果抓到自己在那種時刻裡，可以努力讓自己冷靜下來，而不是根據「事實」變得愈來愈激動，因為事實常常都不公正或不正確，無法幫你找到有建設性的解決辦法。

## 安迪的故事

去年，安迪的事業真的一直走下坡，他必須終止辦公室的租約。主要帳戶裡的錢愈來愈少，他盤算著要改變產品的重心，去找他幾年前合作過的公司談生意。他也考慮要跟合夥人開展新業務，這個合夥人很懂廣告，正好可以補足安迪的背景。安迪告訴我，這個星期他一直不能集中精神。想到一切可能的發展跟他該做的事，他只覺得無所適從。以前，他會假裝沒有壓力，打開接龍遊戲，想辦法轉移注意力。現在，他想好好掌握自己的情緒，對抗分裂的傾向。

安迪知道，對自己的每個計畫都會提出自我挫敗的批評時，他就開始從負面的角度看事情。起點就是失落或困惑的感受。他感覺不到自己活在當下，也沒有跟著想法或計畫向前，就像困住了，轉個不停。在背景中，他察覺到負面的信念，例如「你以前就沒有規則，不懂得用正確的方法寫出業務計畫。你憑什麼覺得現在就可以？」想著該做哪些事情的時候，他相信自己沒有早該養成的技能。怪罪自己能力不足的風格始於無法專注，感覺想法一直變，看不到進度。他有太多想法，模模糊糊地覺得無所適從。有些想法是他想做的事，以及一些分散注意力的事情，感覺更值得花時間去做。只是一件事想得夠久，收錄下來後，安迪才發覺他在對自己發送高度批評的訊息。安迪做身體掃描時，他發覺自己的胃在痙攣，心跳比平常更快。努力讓自己平靜下來後，安迪看到焦慮讓他感到雜亂、困惑、不知道該怎麼辦。感到平靜時，就可以讓自己把注意力放在一個計畫上，設定符合實際的目標，在設定的時間內完成。治療結束後，安迪知道他必須把重心轉移到身體掃描上，一發現身體的緊張就用我教過的練習來解除。安迪也學會了，等他再度平靜下來，就能專注，負面的思維也會消失。

## 抑制情緒記憶

雖然我深信我們可以從過去的經驗學習，但情緒記憶如洪水般湧出時，既沒有教育意義，也沒有幫助。就各方面而言，很像打開了潘朵拉的盒子。潘朵拉是希臘神話裡的人物，神祇送給她很多禮物，裡面有一個盒子，據說不可以打開。有一天，她好奇心突起，決定把盒子打開。突然之間，本來不存在於世界上的所有邪惡、疾病和負擔都釋放出來了。

在第五章，我解釋過有些基模存放在心智檔案櫃的「都很好」或「都很壞」抽屜裡。

資料夾一打開，所有其他與潛在基模有關的情緒記憶就啟動了。雪上加霜的是，主題差不多的資料夾也可能跟著騷動，幾百次未經處理的痛苦情緒經驗就這麼跳入本來就很有壓力的情境裡。

我建議我的案主，最好把潘朵拉的盒子關起來。我說，他們有一個選擇：讓這些情緒記憶陡然爆發，或決定把情緒記憶收回盒子裡。在下一章，我們會告訴讀者處理情緒記憶的有效辦法，但在脾氣爆發的時候，你經歷了分裂與洪水，最好還是把這些記憶放回盒子裡，把蓋子蓋上。

有一個方法是想一句咒語，可以讓你不再收錄過去的事件。很簡單的句子就能發揮莫大的提醒能力，幫你把注意力放在當下。我最近合作過的一位男性發現，「繼續把故事說下去」能提醒他關上裝滿憎恨的潘朵拉盒子。因為童年過得很不容易，努力對抗兒童期影響力的女性選擇對自己說，「我不想變成這種人。」她只需要說這句話，就可以提醒自己她想變成什麼樣的人。或許上面某句咒語會讓你特別有感應。如果都沒有的話，等你平靜下來，寫下屬於你的句子，當舊有情緒記憶侵入當下時，能有力量幫你停下來。有了自己的咒語，感覺很奇異，你的思緒會變得更清晰，讓你能繼續向前走。

## 創造選項

因著情緒記憶和無用的防衛而不知所措的時候，我們的信念系統上籠罩著其他情境的基模，這些情境的結果都不太好。在不知不覺中，我們可能會收窄了範圍，排除可以讓事情走向完全不同方向的替代方案和選項。我們可以用下面的方法來逆轉這個過程。

## 不要悶悶不樂

經過深思熟慮的方法結合了信念、思緒和感受，但不會把你的注意力轉到沉思上。念頭一直轉回問題上，你的杏仁核就會持續發熱（Bushman 2002）。因為大腦的這個部位準備好幫你行動，讓你脫離危險，沉思只會讓危險的感覺一直留在你的腦子裡。這會造成一個惡性循環，讓你過度警覺，情緒承受重大的壓力。

沉思者的特質是心理學家口中的神經質。神經質會引導我們用負面的方式理解事件，猶疑著不敢做出重要的決定，因為不確定而感到不自在，要花更久的時間來應對令人困擾的情境（Phelps and LeDoux 2005; Suls and Martin 2005）。我們尚不明白這個特質是否透過遺傳、家庭動力、人生大事或某種組合得來，但研究人員確實發現，讓這個模式主導你的個性的話，更容易引發激烈的焦慮和無助感（Hirsh and Inzlicht 2008）。如果你看到自己也帶有這些特質，是時候直視自己，檢驗兒童期學到的回應方式。如果你願意給自己機會，你的大腦就能開啟新的路徑。蕾貝佳・雷伊（Rebecca Ray）博士及凱文・奧克斯納（Kevin Ochsner）博士（Ray et al.2005）要求沉思者停止自己悶著思索一個令他們感到威脅的情境，把注意力放到下一項任務上，他們很快就轉換過來，讓自己的情緒網路有機會冷靜下來。用不了幾分鐘，他們就把全副心思放在任務上，回覆的方式就像沒有神經質傾向的研究受試者。

## 時刻不忘目標

研究結果顯示，大腦存有長期目標的部位保持活躍時，我們就更能控制自己的衝動（Cyders and Smith 2008; Grawe 2007; Moses and Barlow 2006）。煩擾的情緒爆發時，我們需要各方面的協助，確保我們的回覆經過推敲，有明確的目的。未經處理的情緒會產生衝動，能夠提醒自己什麼才是真正重要的東西，就能有效解除衝動。我會在第十三章深入討論未來的力量，但是，你一定要能堅持自己的覺察，只看生命中正面的事物。

告訴自己你該有什麼感覺，或複誦你認為自己應該相信的東西，又是另一回事，而且感覺也沒有用。要那些自我感覺不良好的人幫自己打氣，對自己說「我會成功」或「我值得愛」，通常會適得其反，感覺更糟糕。然而，能夠記起你覺得非常能幹或非常安全的時刻，或抓住那樣的信念，就能提醒你，事情仍有反轉的契機。同樣地，提醒自己你相信能在近期內成就的事情，讓你的期待從負面思維上轉向。在案主的身上，我看到這個方法很有效。在覺得無力、屈服於無助的時候，能把焦點從舊有的情緒創傷轉到現在或未來的機會上，可以幫你甩掉無所適從的感受。

## 使用道具

有一個技巧可以幫你用這種方法轉移焦點，就是創造一個符號，這個符號代表你最重要的目標。可以念你的咒語來達成目的，也可以帶著或戴著一個物品，幫你把注意力放在你真正想要的東西上。我有一位治療對象，生意成功，可婚姻一團糟。他發現，看著他的結婚戒指會讓他記起，他的妻子再也不肯忍受虐待，保持家庭的完好是世界上最重要的事情。有一位女性想控制自己在孩子面前不要發脾氣，她發現，戴上小孩在幼兒園裡幫她做的手環，能提醒她最迫切的希望，就是用愛和關懷來維繫親子關係。你選擇的象徵物品並不是所謂的幸運符，或具備神奇的力量，但摸摸它或看到它的時候，你就會記起自己最重要的目標。

## 增強作用

很多要進行重大改變的人發現，每天開會可以幫他們看清楚自己的目標。參加過戒酒無名會或匿名戒毒會的成員也有同感，也適用於那些從宗教團體得到力量的人。對於自己相信的目標，常常分享對目標的確認，即使碰到挫折或挑戰，你也不會忘了這些目標。只要認清目標，就足以重新連起腦部的路徑，鬆開杏仁核的箝制。

## 改變結局

面對情境時，我們心中的想法非常重要，神經造影研究也突顯了這種重要性。始於杏仁核的負面情緒，例如恐懼和憤怒，換個觀點來評估情境的話，就可以平息下來。如果你只想著問題，細細思索所有負面的面向，杏仁核裡就會保持高速運轉。但有些心智練習可以幫你轉移焦點，讓大腦完全不同的部位接手。為了測試這一點，蕾貝佳·雷伊博士和凱文·奧克斯納博士及他們在史丹佛大學的夥伴（Ray et al.2005）給受試者看了壓力事件的照片，例如即將發生的車禍。他們要研究受試者想像他們或心愛的人在這個場景裡，受試者變得心煩意亂。然而，當研究人員指示他們思考正面的結果或改善的方法，大腦的左前額葉啟動，杏仁核安靜下來。質疑負面的期待會改變他們的感受，創造出能逆轉局勢的情緒能量。能採取主動的姿態，專心想可以做的事，而不是即將到來的傷害，大腦似乎就能緩和我們的心情。

很多治療師相信大腦思考和感受部位之間的迴路可以透過親密關係強化（Fishbane 2007; Schore and Schore 2008; Siegel and Hartzell 2003）。覺得被拋棄的時候，無用的防衛機制會提高，感到安全時則會減弱。與關心你的人連結，可以幫你度過情緒風暴，也能提供長久的益處。研究結果和臨床實務指出，其實，你需要機會去恢復安全感，才能找回情緒平衡。小時候，我們能得到大人的安撫和保證，知道自己不孤單，就會得到慰藉，我們一輩子都需要這種慰藉。

向別人求助時，有好幾種求助的方法，得到你需要的東西。但是，試著得到我們真正需要的東西時，我們卻常常扯自己的後腿。向別人伸手求助，請他們幫忙解決問題的時候，我們會用自己的左腦來接合另一個人的左腦。那個人回覆時會提供想法跟解決辦法，但沒注意到問題之下的情緒困擾。那一類的交流結束後，我們對安全感的需要只滿足了一點點，或完全得不到滿足，導致更多的情緒苦惱。如果主控情境，用我們的力量確保其他人來滿足我們的需要，卻常常讓親朋好友選擇離開。這種激烈度和權力戰術鮮少能產生具有同理心或關懷的回覆。如果沒發覺我們尋求慰藉的方式破壞了他人的回應，就很容易做出結論說別人有所保留或不關心我們。更糟糕的是，我們可能還會激發起額外的情緒記憶，想起我們求助其他人的時候，他們不願意提供協助。額外的失望一定會帶來更多的情緒苦惱，我們最後可能就把挫折的感覺發作在親朋好友身上。

應該反過來，用敞開且有禮貌的方法，努力溝通我們的需要。向別人求助時，一開始時先說你碰到了不開心的事，如果對方花幾分鐘，提供他的支持，會真的很有幫助。問他現在是否適合談這件事，他是不是正在忙其他的事情。如果他正在忙其他的事情，又被你打斷，不太可能把注意力放在你身上，你可能會覺得對方故意不理你。最好能預先計畫，安排好談話的時間，讓你能得到真正需要的東西。

如果有人能陪你聊聊，向他解釋說你並不希望他給你處理問題的忠告，但你覺得不知所措，或心裡難受。你也可以把對話導向正確的方向，告訴對方，如果有人支持你，或現在你需要一個生理或情緒上的擁抱，你會覺得好一點。知道有人會支持你，向你保證他在乎你，通常就足以消除難受的感覺。如果現在生命中沒有人可以幫你，可以考慮加入團體，或找專業的治療師。你建立的連結會帶來很大的變化，幫你管理無所適從的情緒。

## 根據直覺或經過思考的回覆

對特定觸發點的直覺回覆也就是反應過度的開端，我們可能在那個時候根本沒發現。如果情境中有個東西讓我們感到危險或受傷，大腦迴路就會跳過反思，直接跳入行動。觸發點常會釋放出默示的信念和期待，讓我們對事物的評估變得很極端，遠超過事實。如果焦慮感發動了分裂和洪水，情境都變得更難以忍受，我們淹沒在痛苦的情緒記憶裡，提升了當前情境的強度。

相反地，我們能確認和反思所有重要的元素：觸發點、塑造出我們解讀的信念，以及引發的情緒狀態，才有經過深思熟慮的反應。為了這個目的，我們要先了解不同的情緒狀態是什麼感覺。察覺到危險時，杏仁核會發動，你要讓自己適應此刻體內發生的變化。知道你的身體處於高度刺激的狀態，你可以選一個練習，幫自己找回情緒平衡。你可以描繪你的大腦、認清你的感受狀態，或使用呼吸技巧、引導式圖像或咒語來鬆開強烈情緒的控制。你也可以評估自己的一般狀況，如果你覺得疲累、過勞或壓力太大，提醒自己小心前進。

回到當下的時候，把注意力放在內在的經驗，以分辨出你體驗到的是嫉妒、羞辱、拒絕、無助，還是其他的感受。與其逃離情緒狀態，不如集中注意力，澄清你的內在經驗。深思熟慮的過程會打開你的大腦迴路，你的精力就不會滯留在高度刺激的狀態。

評估思緒，看自己是否分裂（從偏頗的角度看事情）或被洪水淹沒（類似情境的回憶紛紛湧出）。問自己，你是否花時間綜觀全局，還是直接做出結論。如果找得到證據，停下來確認你的思緒和感覺有多偏頗。

問自己，你是否完全了解觸發反應的事件。通常是重現了你在本書前面幾章已經辨別出來的主題。辨別出主題非常非常重要，因為這個主題幾乎一定會連結到提升情境強度的情緒記憶。

好好思考你的做法，你能認出信念的力量，知道你一定要脫離與當下完全沒有關係的舊時情景。記得潘朵拉的盒子，把這些回憶收起來，不要增加現時痛苦的強度。也要挑戰根據這些記憶的負面期待，提醒自己，把焦點放在現在和未來比較重要。

覺得不了解的感受不斷帶來撞擊的時候，花一點時間找人聊一聊或寫下你的想法，來識別內在的經驗。然而，你要確保在努力了解感受的同時，不要對細節鑽牛角尖，或反覆思索這個情境。憂悶沉思只會讓情況更糟，如果你的觀點只纏繞在負面的看法上，不如花時間挑戰你的觀點。向關心你的人求助，得到支持和鼓勵，空閒時選擇去做能幫你感受到修復和關懷的活動。

直覺反應出自杏仁核，靠基模、期待和記憶提供燃料，但這些東西都會讓你的反應變得更複雜、更強烈。如果焦慮啟動了分裂和洪水，你的反應甚至會更加強烈。致力於恢復情緒平衡的時候，你就給自己力量，變得更平靜、更穩定。只有當你確定你脫離了情緒刺激，找回平衡的觀點，才能相信自己的反應很安全——不會傷害你跟你在乎的人。

## 章末練習：神經質傾向

沒有人希望被貼上神經質的標籤，但我們的基因遺傳、小時候的經驗和獲取的信念都會創造出弱點，讓我們的情緒變得過於敏感，其實沒有必要。一個補救的辦法是探索和質疑我們與焦慮的關係。

### 第一部分

對你來說，總是、有時候，還是鮮少有這些經驗？

- 我擔心我做事的方法不對。
- 不吃藥或喝酒，我很難放鬆。
- 決定買樣東西，或決定做某件事以後，我會批評自己的決定。
- 我的懷疑跟擔憂似乎比其他人還要多。
- 別人說我鬱鬱寡歡。
- 我臉皮薄，或我很敏感。

- 不確定性會讓我很緊張。
- 我偏好不要冒險。
- 即使不願意，我也會一直想我的問題。

如果你一直有這些經驗，或常常有，那你的回覆模式可能就會促成反應過度。

**第二部分**

有些人天生高敏感，但很多回覆的模式是從父母那邊傳下來，或因為小時候與爸媽相處的經驗而惡化。

對你的爸媽或其中一人來說，他們總是、常常，還是鮮少碰到下面的經驗？

- 他們會抱怨我的小缺點。
- 他們讓家裡充滿擔憂和緊張。
- 他們會彼此批評，或批評其他的親戚。
- 他們對我過度保護。

- 他們不太確定在我情緒低落或難過的時候要怎麼幫我。
- 他們會非常非常生氣，讓我覺得很害怕或心煩意亂。
- 他們的想法常常很悲觀或很負面。
- 不能按著習慣做事，他們就會生氣。
- 他們很擔心我和其他的家人。
- 別人的爸媽看起來比較快樂，不像我的父母。

如果你的父母雙方或其中一人常用這種方式回應，你學到的回覆方式可能就對自己帶來傷害。記著，我們的信念和期待在很小的時候就生出來了，但成人以後，我們有自己的選擇。父母如果有選擇，或許也會改變做事的方法。對未知的恐懼及自我懷疑會腐蝕我們的效能，以及我們生活中需要的能量。你要靠著努力來解除基模和情緒記憶的力量，但如果你有心讓自己從過去的力量中釋放出來，你會發現你能做得到。

除了心裡感到焦慮，身體也會有感覺。感覺身體改變帶來的警訊，我們通常會轉向左腦來解決困境。你應該知道，悶悶不樂、擔心及一心想著假設的情境，只會讓杏仁核保持在高度刺激的狀態。如果你察覺到自己有神經質的傾向，第一步就是要學會如何注意到身體的焦慮，想辦法處理。如果你的期望來自分裂和舊有的情緒記憶，質疑這些期待，換成符合實際的目標，或許就能走出很多艱難的情境。學會安撫情緒及生理上的過度警覺，你就有精力去做出人生的重大改變。

第十三章

# 克制已知的觸發點

預防是最好的良藥。在這本書裡，我提供了很多方法，教讀者辨認最有力的觸發點和情緒記憶。我建議，在反應過度的時候，一定要讓自己脫離這些力量，先找回情緒平衡。然而，一旦穩定下來以後，也一定要再來檢視這些問題，處理問題的時候盡量減低自己受到的箝制。

## 信念的力量

在處理事件，更清楚了解發生什麼事情的時候，我們的心智運作速度非常快。大腦的一個部位會參考實用的知識來幫我們進行簡單的工作，但碰到更複雜的問題，其他部位則會提供資訊，我們需要用這些資訊來產出結論。在這些時刻我們利用的信念累積自種種經驗，很多都在兒童期獲取。有些信念結合了別人的立場，包括爸媽，和那些對我們成長過程造成影響的大人。其他的信念則由更近期的經驗形成，包括我們透過書本或電視節目看到的想法。

儘管要學的還有很多，研究結果證實，某些信念可能造成問題，危及我們的因應機制。丹尼爾·莫登（Daniel Molden）博士、傑森·普拉克斯（Jason Plaks）博士及卡蘿·杜維克（Carol Dweck）博士說一般人做出關於自己和他人的結論時，通常有兩種不同的方法。固定思考者（entity thinker）眼中只有固定的實境，而增長思考者（incremental thinker）則會細看組成整體的分層。你的風格會讓你在做結論時出現差別，在後續產生的感覺中也能看到不同。

## 固定思考

固定思考者相信人就是某個樣子，不太可能改變。他們將自身的特質或屬性視為絕對，對人性通常也有一套支持自身立場的哲學。例如，傑克看到兒子保羅在看電視，而不是在做功課或整理洗好的衣服。在傑克心中，保羅找到機會就不做正事，利用其他人逃避責任。根據他的臆測，有人生來就這樣，他記得他妹妹也是天生就很懶惰。爸媽總是要花錢幫她請家教，為了讓她順利畢業，浪費了一大筆金錢。他們費盡苦心，幫她進入大學，她最後成績還是不及格，因為她懶到什麼都不做。傑克的兒子保羅似乎跟姑姑是一個樣子。

這種思路有很多問題。固定思考者把一個特質分派到某人身上以後，就很難改變那種感知。如果傑克相信保羅生來就是那樣，怎麼幫他到頭來都是浪費，他就會放棄幫保羅做出改變。我們可以看到，這意味著保羅得不到或許對他有益的幫助，也讓傑克很容易一下子就做出結論來支持自己的看法。對兒子的不滿和失望愈發深刻，有一個理由是他認定保羅在不該發懶的情境裡也寧可懶惰。

身為固定思考者，傑克對人生的看法也會套用到他幫自己做的決定上。如果生命中有他表現不傑出的地方，他也可能對自己的天份做出以偏概全的決定。舉例來說，在打棒球的時候，他總是抓不到擊球的時機，他就認定自己沒有體育細胞。他不會努力讓自己變得更好，而是結論說他就是沒有打棒球的天份，有可能就是不適合運動，乾脆去做他覺得比較容易的事情。固定思考者容易覺得自己一事無成，碰到小小的挑戰就放棄。他們很容易覺得一切都不在自己的控制中，不太可能相信自己有可能改變。沒有信心達成目標的話，這就變成了自我應驗的預言。

## 增長思考

增長思考者明白，每個人都會通過不同的階段，在每個情境中，影響行為的因素不只一個。在他們眼中，每個人都有可塑性，或有改進的機會。例如，如果傑克看到兒子保羅在看電視，而不是做數學作業，他或許會想問兒子為什麼有這種行為。他不禁納悶，保羅對學業究竟是不在乎？還是有逃避功課的理由？他知道前幾年，保羅很容易批評自己，常常覺得沮喪。他思索著怎麼幫兒子負起責任，決定跟他好好聊一聊。最後他發現，保羅不知道要怎麼寫數學作業，也怪老師沒好好教他，傑克也坦白說，如果寫作業的時候充滿挫折感，確實很難坐下來好好寫功課。他提議他陪保羅一起做作業，看了一遍課本，找到保羅在課堂上沒聽懂的那一課。雖然一開始時保羅坐立難安，覺得很不耐煩，但傑克注意到，過了幾分鐘，保羅大大鬆了一口氣，換成滿面笑容。保羅對著父親咧嘴一笑，宣布他十分鐘就能把作業做好——真的很簡單。傑克覺得兒子很棒，同時也想起爸媽以前都會對著妹妹大吼，說她又笨又懶。接收到這麼多負面訊息，難怪她無法完成大學學業。

在生命中碰到挫折的時候，傑克會去想有哪些需要改進的地方。他承認，有些事情對他來說比其他事情容易，但他也知道熟能生巧。他希望自己的目標符合實際，但他也知道要先付出努力，才能看到成果。他也知道，在某些情況下，他的表現會比較好。就跟他兒子保羅一樣，有人能給他支持，提供策略，讓他嘗試新的方法，就很有幫助了。在別人心目中，傑克很在意目標，碰到困難的時候能夠堅持下去。就工作跟婚姻來說，這種做法很有效，現在也幫到了他的兒子。

## 重寫劇本

敘事治療師麥克·懷特（Michael White）及大衛·艾普斯頓（David Epston）（1990）指出，我們說故事的方式會決定結果。通常，我們尚未完全了解或質疑曾經歷過最痛苦的事，就會把它們歸檔。這些未經處理的經驗會構成「路線圖」，我們需要找出前面這條路怎麼走的時候，就會去看這張路線圖。如果有人告訴你，那張路線圖是三十年前的，現在那一區到處都是新城鎮、購物區和景點，想想看你會有什麼感覺。你會不會覺得很好奇，想要一張最新的地圖？

把注意力放在過去的失敗，或對自己不滿意的地方，我們對情境的看法就會自動把焦點放在問題上，滿溢著負面的觀點。敘事治療師知道，如果你接受指引，記起成功的時刻，想起自己做了什麼而達成想要的結果，一切就會迅速翻轉。治療師麥克·懷特（1989）鼓勵大家思索他們對抗自我挫敗的方法，重新連結到帶有效能的大腦部位。他用溫和的方式插入了可供選擇的解釋，可以改變情境和結果發展的方式。情境和可能的結果能修正的話，就可以換掉舊的路線圖。

## 挑戰你的期待

我們覺得會發生的事通常就會決定結果。觀察過一堂空手道課以後，這個論點對我來說更加清晰。在課堂上，學生要用手劈開木塊，大多數人看了看厚厚的木頭，覺得不可能，即使劈得開也會弄傷自己的手。幾名學生做了個掃過木頭的手勢，但很明顯地，他們想保護自己，所以沒使出全力。師傅教他們的技巧是用某種方法握拳，然後示範輕鬆地破開木頭，學生就換了試驗的方法。第一個照著指示成功的學生劈完後，教室裡的氣氛從不確定變成熱切。一旦學生相信自己有能力，又看到別人成功了，局面就翻轉了。這一次，他們充滿自信與活力，一如期待地劈開木塊。

我在第五章提過，分裂與洪水會打開「都很壞」的抽屜，裡面只有失望和挫敗的記憶。換掉從這個觀點衍生的懷疑，取代為關上那個抽屜後才能發現的可能性，就會看到我們之前沒注意到的新選項。

## 挑戰舊有的情緒記憶

回想痛苦的事並不容易，但如果我們要降低潘朵拉盒子裡詛咒的力量，就必須回到痛苦的記憶中。即使我們想註銷或斥退這些記憶，在覺得軟弱的時候，痛苦的回憶仍會找到浮現的方法。感到懷疑或挫折時，情緒記憶會在不知不覺中重燃。愈了解潘朵拉盒子裡裝了什麼，就愈容易辨別舊有的訊息和源頭，也就能做好準備，鬆開痛苦的箝制，找到有效的方法來關上盒子。

有些最痛苦的信念也會再度跳出來，例如懷疑自己是否值得愛或夠不夠好。其他的重要回憶則可能涉及我們同住的家人和同事，以及我們能否信任和仰賴他們。我們對權力、公平、寬容和能力都有信念——這些都是能觸發情緒反應過度的驅動力。

我設計的章末練習都是為了幫助讀者辨別在覺得軟弱時容易浮現的主題。如果你跟我的案主一樣，你最大的弱點或許也在童年時期形成，當時年紀太小，無力改變情境。心理治療是一種探索和挑戰舊有信念的方法，但你也可以靠自己嘗試一些方法。

## 與過去和解

我讀了一份研究紀錄（Dube 2001），裡面提到很多人都承受過痛苦的童年，實在令人詫異。很多小孩經驗或目擊了身體虐待和創傷，因此為焦慮或憂鬱所苦（Heim and Nemeroff 2001）。心理學家目前猜測，即使小孩相對來說受到很好的保護，但想要發揮潛能的話，不一定能得到他們需要的同理心和安全感連結（D. J. Siegel 1999）。想到自己被剝削或欺負的時候，自然會覺得生氣，但緊抓著那股怒氣只會讓你更多疑，更不願意信任其他人。最好能與過去和解。

## 多世代的觀點

社工系的學生常常說，儘管幫助受虐兒童給他們一種滿足，但對那些成人加害者卻充滿恐懼和嫌惡。他們認為傷害小孩或讓小孩受到傷害的成人都是怪獸，不值得同情。他們看到受傷的孩子會出現不恰當的行為，例如說謊、偷竊、自殘，甚至會虐待其他孩童。我要班上的學生向前快轉，預言如果治療失敗的話，二十年後這些孩子會變成什麼樣子。然後我要他們倒帶回到過去，想像他們去治療這些孩子的爸媽，而且在他們是青少年的時候。我叫他們想像這些案主年輕時的模樣，在腦海中描繪他們成長的家庭及環境。只需要這個練習，學生就會發覺，創傷通常會延續好幾代。我們很容易同情受害者，責怪侵略者，但侵略者也被看成受害者時，我們會覺得困惑。

我發現，在大多數情況下，案主都很努力地利用手邊的資源，盡其所能。痛苦會帶來痛苦，受害者最後也可能重複自己經歷到的事情。覺得別人的行為是刻意為之的時候，我們會覺得他們不可原諒，但是，如果我們願意考慮他們碰到的挑戰、限制和重擔，因此無法改變做事的方法時，我們就有可能原諒他們。

## 有害的家庭神話

芙瑪．華許（Froma Walsh）博士（1988）有次對我說，她受過最有用的訓練來自她的人類學系課程。為了學習搜查和尊重促成文化獨特性的細節，她學到很寶貴的功課，也就是了解研究對象的家庭中運作的價值觀和信念。即使家庭成員有一樣的種族、宗教和教育背景，每名家庭成員仍用極為不同的態度面對人生。

我們會不假思索地採納在家裡學到的規則和習慣，這也影響了我們希望事情做好的方式。舉例來說，你們家在放假時會吃某種食物，也支持某種道德規範，來決定是否接納個人的行為。家庭治療師知道，關於情感表現、隱私權、依賴、根據性別的能力以及家庭義務，每個家庭都有自己的價值觀、習慣和不成文規定這些會變成假定的真相，很容易吸收，鮮少受到質疑。通常，從歷史的觀點來檢驗這些觀念，就是開始改變的第一步。

## 安的故事

安．哈特曼（Ann Hartman）說了自己家的故事，來闡述上述的想法（Hartman 1988）。她注意到母親那邊的親戚都不太喜歡肢體接觸，但他們看起來都深愛自己的家人。他們對小孩特別冷淡，會禮貌地點點頭，但不會擁抱親吻他們。她不知道自己為什麼本能地就會跟疼愛的小孩保持距離，所以她決定尋找家族的故事，看能不能幫自己了解這種情況。

母親那邊最年長的親戚聽到這種家族模式，似乎一點也不困惑。她告訴安，家族移民到美國後，過沒多久就爆發了肺結核的大流行。她記得全家人都憂心如焚，年紀不大的姪女確診，必須去北方的療養院。也不過就是一個星期前，他們剛幫姪女的兒子慶祝四歲生日。大家都很開心。想到在火車站的情境，淚珠滾下了她的雙頰：姪女把兩個小孩抱在懷裡，答應他們媽媽會恢復健康，回到他們身邊。那時候，能活著回來的人很少。全家人向這位美麗的年輕母親道別，也做好了心理準備。一年後，姪女真的回來了——經過了足夠的休養，也復原了。但她一回來就去兩個兒子的墳上探視，他們幾個月前死於肺結核。從那天起，雖然沒有明說，大家就再也不親吻孩子，只怕這樣的接觸等於判了孩子死刑。

要與過去和解，表示我們不能把過去當成錯誤，而是要明白壞事發生時有不同的脈絡和背景。重新思考來龍去脈並不等於否認過去的壞事，你或許可以藉此消除怒氣和憎恨，儘管難過，也還是承認大家一起承擔了失望與苦難。與其一心想著她有多難對小孩表達愛意，或憎恨自己在小時候得不到大人的疼愛，安可以感受到對自己的同情，也同情那些心結未解的世代。

## 去掉羞愧或個人失敗帶來的負擔

與過去和解，我們也必須處理存入記憶中的個人失敗。我們放不下的羞愧和憤怒通常完全根據童年時期的觀點所形成的結論。在很多情況下，纏擾小孩子的問題比較適合歸屬給父母。舉個常見的例子，母親很討厭伴侶身上的某個特質，兒子做的事情要是隱約跟這個特質有關，就會讓她勃然大怒。小孩可能會覺得很困惑，受到了不公平的攻擊，但也會完全吸收因此引發的羞愧。成人或許會反擊，甚至置之不理，但小孩可能會相信母親沒錯，即使媽媽的評語不公平。因為孩童需要維繫爸媽的關愛，他會寧可吞下憎恨，把氣發在自己身上。

儘管羞愧和怒氣可以埋藏很長一段時間，但類似的情境誘發了情緒記憶的時候，這些感受就會全部再現。碰到這種情況時，我們很快會回復到孩子的狀態，覺得無助、憤恨跟沮喪。

在低落的時候，我們可能會認定自己就是失敗了，而且深信不疑，但等我們願意挑戰過去的時候，就能選擇反抗。有一個策略是要我們從成人的觀點重新檢視童年的痛苦。與其接受一直傳下來的評斷，不如給童年的自己力量，再度檢閱當時的情境。就各方面來說，這就像宣布新的審判機會，質疑舊的定論。有些關於你和其他人的定論已經深深傷害了你，如果你有能力挑戰這些定論，或許就能有不同層次的理解。或許有些可以重新審判的環境證據，特別是因為你現在長大了，可以了解小孩常常是大人的代罪羔羊，在爸媽發生衝突的時候夾在中間。

每個人只要有權質疑別人硬塞給我們的定論時，就有很好的理由，去翻出舊時的記憶。此刻，我們或許會發覺，只是小小的錯誤，卻造成了極度的痛苦。面對硬放到你身上的責怪，即使你認定你確實該負責，但你不覺得自己付出的也夠了嗎？

## 用未來塑造當下

治療的對象因著童年碰到的困難或剝削而變得過度悲觀時，我會告訴他們未來的力量。路易吉．博斯科洛（Luigi Boscolo）博士（1993）指出，如果我們能駕馭指向未來的拉力，這股力量可能跟過去的牽引一樣強大。舉例來說，你看到一張餐椅降價了，你無法決定要不要用積蓄買下它。如果你轉向過去尋求指引，可能會想起好幾次你看到類似的商品，物美價廉，卻沒有買下，錯過了那個好價格，再也沒看到差不多的商品。你可能會開始自責，沒抓住好機會，生自己的氣，每次做決定前都要東想西想。一把拉開記憶抽屜，顯露出其他你未曾立即採取行動的時刻，記錄錯過事物的舊有情緒記憶又疊增到你的情緒體驗上。你可能會因為焦慮和自我懷疑而寸步難行。

但在這個幻想的例子裡，如果你能看向未來，你或許會看到，在未來的三個月內，有人要給你很棒的工作機會。這個超讚的新職位需要你到巴黎出差三個月，接受額外的訓練，接下來的三個月則待在位於夏威夷的公司總部。結束訓練後，你有機會搬進靠近辦公室的新家。那棟房子比現在住的地方更現代，之前你喜歡的大型家具可能不太適合。看到那樣的未來，你覺得現在要買一張新椅子，仍然很難決定嗎？

我們不能用水晶球來預測未來，但清楚思考的目標也具備一樣的力量。覺得過去讓自己的某些部分受到限制，當然其來有自，但與其只想著過去，不如用手邊的資訊去覺察在不同的情況下你想變成什麼樣的人。注意到現在比過去好，就很有幫助了，但是再往後看吧。在生活中，你用了許多戰術來活到現在，這些戰術還不是你的全部。蘇珊・哈特（Susan Harter）博士（Harter et al.1997）指出，每個人都有好幾個自我，在適當的情況下會浮現出來。早期的情境和責任或許造成了限制，在生命中的某些時間點，只會用到自我的某些部分。這樣子活了很多年後，我們就忘了擱置在一旁的其他部分。植物需要溫暖和陽光才能開花，你想連結的自我或許需要喚醒，因為向前走的時刻已經到了。

描述你自己在接下來的十年內想變成什麼樣子。如果能說出一些特質，你就能用這種強大的願景來引導自己。你控制不了周圍的世界，但有心變成心目中的那個人，就讓你有了改變的機會，也有能力去達成目標。

## 結論

「大腦的十年」帶來了新的洞察，幫我們了解人類的痛苦及人類的恢復力。如果你會突如其來地大發脾氣，或者覺得痛苦沮喪，又不知道為什麼會這樣，也不知道怎麼停下來，應該會覺得這是個好消息。

學會停止反應過度需要耐心和毅力。心靈和身體，過去和現在，都是組成情緒反應過度的拼圖碎片。我希望你能用這本書裡的資訊，找到新的方法來拼圖，對你和你愛的人來說，這樣拼出的畫作才是最好的。

# 謝辭

雖然離開多倫多兒童醫院（Toronto's Hospital for Sick Children）很多年了，我在那裡工作的時候，有幸合作的神經科醫生與病人激發了我對神經生物學的興趣。我非常感激高登・墨菲（Gordon Murphy）醫生及基斯・梅洛夫（Keith Meloff）醫生，最感謝的則是約翰・史多伯・普理查（John Stobo Prichard）醫生，他讓我看見了大腦的奧祕。社工部的主任雪莉・史汀森（Shirley Stinson）是我的上級和導師，她教我怎麼把書上學的知識轉換成合格的臨床實務。我在加拿大及美國合作過的家庭都是最好的老師，我很高興能在過程中得到學習的機會。

我也要感謝紐約大學社會工作學院的同事。特別感謝安・瑪莉・馬雷諾（Ann Marie Mareno），她的技能與承諾讓我更能專心寫作。

也要感謝New Harbinger出版社的編輯，他們對文字清晰的要求大幅提高了手稿的品質。梅麗莎・寇克（Melissa Kirk）與潔絲・畢比（Jess Beebe）鼓勵我設計練習，可以幫助讀者深入洞察，就像身邊多了一位專業的治療師。她們期望New Harbinger的讀者能得到這種程度的自助，讓我倍受激勵。我要誠心感謝我的文字編輯伊莉莎白・貝勒（Elisabeth Beller），她超越我的期待，幫我組織和完成手稿。也要感謝負責校對的潔思敏・史達（Jasmine Star）。

我也感謝在本書一開始構想時就給予支持的家庭成員。我的姊妹雪莉・芬格赫特（Shelley Fingerhut）和溫蒂・索可洛夫斯基・佩齊姆（Wendy Sokolowski Pezim）及母親莉莉安・席格爾（Lillian Siegel）在我有需要的時候總會伸出援手。特別感謝姊姊黛比・納夫托林（Debbie Naftolin），她常幫我找回我的情緒平衡，提供有用的建議幫我改善本書內容，甚至幫我想了書名。

但最重要的是，我要感謝兩位青少年，他們幫了很多忙，也跟丹尼合作，這本書才能及時完稿。

# 閱讀推薦

## 書籍


Brown, B. 2007. *I Thought It Was Just Me (But It Isn't): Telling the Truth About Perfectionism, Inadequacy, and Power*. New York: Penguin Books/Gotham.

Hanson, R., and R. Mendius. 2009. *Buddha's Brain: The Practical Neuroscience of Happiness, Love, and Wisdom*. Oakland, CA: New Harbinger.

Johnson, S. 2008. *Hold Me Tight: Seven Conversations for a Lifetime of Love*. New York: Little Brown.

Siegel, D. J., and M. Hartzell. 2003. *Parenting from the Inside Out: How a Deeper Self-Understanding Can Help You Raise Children Who Thrive*. New York: Penguin.

Siegel, J. P. 2000. *What Children Learn from Their Parents' Marriage*. New York: Harper Collins.

Williams, M., J. Teasdale, Z. Segal, and J. Kabat-Zinn. 2007. *The Mindful Way through Depression: Freeing Yourself from Chronic Unhappiness*. New York: Guilford Press.

**練習簿**

Jacobs, B. 2004. *Writing for Emotional Balance: A Guided Journal to Help You Manage Overwhelming Emotions*. Oakland, CA: New Harbinger.

Spradlin, S. E. 2003. *Don't Let Your Emotions Run Your Life: How Dialectical Behavior Therapy Can Put You in Control*. Oakland, CA: New Harbinger.

# 參考書目

Augustine, A., and S. H. Hemenover. 2009. On the relative effectiveness of affect regulation strategies: A meta-analysis. *Cognition and Emotion* 23:1181–1220.

Baer, R. A., and D. B. Huss. 2008. Mindfulness-and acceptancebased therapy. In *Twenty-First Century Psychotherapies*, edited by Jay LeBow. Hoboken, NJ: John Wiley.

Bandura, A. 1997. *Self-Efficacy: The Exercise of Control*. New York: Freeman.

Beck, A. 1976. *Cognitive Therapy and the Emotional Disorders.* Madison, CT: International Universities Press.

Benjamin, L. S., and F. J. Friedrich. 1991. Contributions of structural analysis of social behavior (SASB) to the bridge between cognitive science and a science of object relations. In *Person, Schemas and Maladaptive Interpersonal Patterns*, edited by M. J. Horowitz. Chicago: University of Chicago Press.

Benjamin, L. S., J. Rothweiler, J. Conrad, and K. L. Critchfield. 2006. The use of structural analysis of social behavior (SASB) as an assessment tool. *Annual Review of Clinical Psychology* 2:83–109.

Boscolo, L. 1993. *The Times of Time*. New York: Norton.

Brown, B. 2006. Shame resilience theory: A grounded theory of women and shame. *Families in Society* 87:43–52.

Bushman, B. J. 2002. Does venting anger feed or extinguish the flame? *Personality and Social Psychology Bulletin* 28:724–731.

Cicchetti, D., and D. Tucker. 1994. Development and self-regulatory structures of the mind. *Development and Psychopathology* 6:533–549.

Coleman, D. 1998. *Working with Emotional Intelligence*. New York: Bantam.

Compton, R. J. 2003. The interface between emotion and attention. *Behavioral and Cognitive Neuroscience Review* 2:115–129.

Cozolino, L. J. 2002. *The Neuroscience of Psychotherapy: Building and Rebuilding the Human Brain*. New York: Norton.

Crockett, M. J. 2009. The neurochemistry of fairness: Clarifying the link between serotonin and prosocial behavior. *Annals of the New York Academy of Sciences* 1167:76–86.

Cyders, M. A., and G. T. Smith. 2007. Mood-based rash action and its components: Positive and negative urgency. *Personality and Individual Differences* 43:839–850.

———. 2008. Emotion-based dispositions to rash action: Positive and negative urgency. *Psychological Bulletin* 134:807–828.

Depue, R. A., and P. F. Collins. 1999. Neurobiology of the structure of personality: Facilitation of incentive motivation and extraversion. *Behavioral and Brain Sciences* 22:491–517.

DeZulueta, F. 2006. The treatment of psychological trauma from the perspective of attachment research. *Journal of Family Therapy* 28:334–351.

Dube, S. R., R. F. Anda, V. J. Felitti, D. P. Chapman, D. F. Williamson, and W. H. Giles. 2001. Childhood abuse, household dysfunction and the risk of attempted suicide throughout the life span: Findings from the Adverse Childhood Experiences Study. *Journal of the American Medical Association* 286(24):3089-3096.

Eisenberger, N., and M. D. Lieberman. 2004. Why rejection hurts: A common neural alarm system for physical and social pain. *Trends in Cognitive Science* 8:294–300.

Erikson, E. 1950. *Childhood and Society*. New York: Norton.

Farmer, R. L. 2009. *Neuroscience and Social Work Practice: The Missing Link*. Newbury Park, CA: Sage.

Fishbane, M. D. 2007. Wired to connect: Neuroscience, relationships, and therapy. *Family Process* 46:395–412.

Fosha, D. 2000. *The Transforming Power of Affect: A Model for Accelerated Change*. New York: Basic Books.

Gohm, C. L. 2003. Mood regulation and emotional intelligence. *Journal of Personality and Social Psychology* 84:594–607.

Goldin, P. R., T. Manber-Ball, K. Werner, R. Heimberg, and J. J.

Gross. 2009. Neural mechanisms of cognitive reappraisal of negative self-beliefs in social anxiety disorder. *Biological Psychiatry* 66:1091–1099.

Gottman, J. M. 1998. Psychology and the study of marital processes. *Annual Review of Psychology* 49:169–197.

Grawe, K. 2006. *Neuropsychotherapy: How the Neurosciences Inform Effective Psychotherapy.* Mahwah, NJ: Lawrence Erlbaum.

Haas, B. W., K. Omura, R. T. Constable, and T. Canli. 2007. Emotional conflict and neuroticism:

Personality and activation of the amygdala. *Behavioral Neuroscience* 121:249–256.

Hanson, R., and R. Mendius. 2009. *Buddha's Brain. The Practical Neuroscience of Happiness, Love, and Wisdom.* Oakland, CA: New Harbinger.

Harter, S., S. Bresneck, H. A. Bouchey, and N. R. Whitesell. 1997. The development of multiple role-related selves during adolescence. *Development and Psychopathology* 9:835–854.

Hartman, A. 1988. Personal communication.

Hedwig, T., and S. Epstein. 1998. Temperament and personality theory: The perspective of cognitive-experiential self theory. *School Psychology Review* 27:534–550.

Heim, C., and C. B. Nemeroff. 2001. The role of childhood trauma in the neurobiology of mood and anxiety disorders: Preclinical and clinical studies. *Biological Psychiatry* 49:1023–1039.

Hirsh, J. B., and M. Inzlicht. 2008. The devil you know: Neuroticism predicts neural response to uncertainty. *Psychological Science* 19: 962–967.

Hoobler, J. M., and D. J. Brass. 2006. Abusive supervision and family undermining as displaced aggression. *Journal of Applied Psychology* 91:1125–1133.

Horowitz, M. J. 1991. Person schemas. In *Schemas and Maladaptive Interpersonal Patterns*, edited by

Mardi J. Horowitz. Chicago: University of Chicago Press.

Jacobs, B. 2004. *Writing for Emotional Balance: A Guided Journal to Help You Manage Overwhelming Emotions*. Oakland, CA: New Harbinger.

Judge, T. A., J. A. LePine, and B. L. Rich. 2006. Loving yourself abundantly: Relationship of the narcissistic personality to self-and other perceptions of workplace deviance, leadership, and task and contextual performance. *Journal of Applied Psychology* 91:762–776.

Kandel, E. R. 1998. A new intellectual framework for psychiatry. *American Journal of Psychiatry* 155:457–469.

———. 1999. Biology and the future of psychoanalysis: A new intellectual framework for psychiatry revisited. *American Journal of Psychiatry* 156:505–524.

Krystal, H. 1988. *Integration and Self-Healing: Affect, Trauma, Alexithymia.* Hillsdale, NJ: The Analytic Press.

LaBar, K. S., and R. Cabeza. 2006. Cognitive neuroscience of emotional memory. *Nature Reviews* 7:54–64.

Leary, M. R., J. Twenge, and E. Quinlivan. 2006. Interpersonal rejection as a determinant of anger and aggression. *Personality and Social Psychology Review* 10:111–132.

Lewis, M. D. 2005a. Bridging emotion theory and neurobiology through dynamic systems modeling. *Behavioral and Brain Sciences* 28:169–193.

———. 2005b. An emerging dialogue among social scientists and neuroscientists on the causal bases of emotion. *Behavioral and Brain Sciences* 28:223–245.

Lewis, M. D., and R. Todd. 2007. The self-regulating brain: Cortical and subcortical feedback and the development of intelligent action. *Cognitive Development* 22:406–450.

Lieberman, M. D., N. I. Eisenberger, M. J. Crockett, S. M. Tom, and J. Pfeifer. 2007. Putting feelings into words: Affect labeling disrupts amygdala activity in response to affective stimuli. *Psychological Science* 18:421–428.

Meissner, W. W. 1980. The problem of internalization and structure formation. *International Journal of Psychoanalysis* 61:237–247.

———. 1986. The earliest internalizations. In *Self and Object Constancy*, edited by R. Lax and S. Bach. New York: Guilford Press.

Molden, D. C., J. E. Plaks, and C. S. Dweck. 2006. Meaningful social inferences: Effects of implicit theories on inferential processes. *Journal of Experimental Social Psychology* 42:738–752.

Moses, E. B. T., and D. H. Barlow. 2006. A new unified treatment approach for emotional disorders based on emotion science. *Current Directions in Psychological Science* 15:146–150.

Ochsner, K. N., and J. J. Gross. 2007. The neural architecture of emotion regulation. In *Handbook of Emotion Regulation*, edited by J. J. Gross. New York: Guilford Press.

Penhaligon, N. L., W. Louis, and S. L. Restubog. 2009. Emotional anguish at work: The mediating role of perceived rejection on workgroup mistreatment and affective outcomes. *Journal of Occupational Health Psychology* 14:34–45.

Penney, L. J., and P. E. Spector. 2002. Narcissism and counterproductive work behavior: Do bigger egos mean bigger problems? *International Journal of Selection and Assessment* 10:126–134.

Phelps, J. E., and E. A. LeDoux. 2005. Contributions of the amygdala to emotion processing: From animal models to human behavior. *Neuron* 48:175–187.

Rauch, S., L. Shin, and C. Wright. 2003. Neuroimaging studies of amygdala function in anxiety disorders. *Annals of the New York Society of Science* 985:389–410.

Ray, R. D., K. N. Ochsner, J. C. Cooper, E. R. Robertson, J. D. E. Gabrieli, and J. J. Gross. 2005.

Individual differences in trait rumination and the neural systems supporting cognitive reappraisal. *Cognitive, Affective, and Behavioral Neuroscience* 5:156–168.

Rhodewalt, F., and C. C. Morf. 1998. On self-aggrandizement and anger: A temporal analysis of narcissism and affective reactions to success and failure. *Journal of Personality and Social Psychology* 74:672–685.

Schore, A. N. 2002. *Affect Dysregulation and Disorders of the Self*. New York: Norton.

———. 2003a. *Affect Regulation and the Repair of the Self*. New York: Norton.

———. 2003b. Early relational trauma, disorganized attachment, and the development of a predisposition to violence. In *Healing Trauma: Attachment, Mind, Body and Brain*, edited by Marion F. Solomon and Daniel J. Siegel. New York: Norton.

Schore, J. R., and A. N. Schore. 2008. Modern attachment theory: The central role of affect regulation in development and treatment. *Clinical Social Work Journal* 36:9–20.

Seligman, M. E. 1975. *Helplessness: On Depression, Development and Death*. San Francisco: Freeman.

Siegel, D. J. 1999. *The Developing Mind*. New York: Guilford Press.

———. 2003. An interpersonal neurobiology of psychotherapy: The developing mind and the resolution of trauma. In *Healing Trauma: Attachment, Mind, Body and Brain*, edited by Marion Solomon and D. J. Siegel. New York: Norton.

Siegel, D. J., and M. Hartzell. 2003. *Parenting from the Inside Out: How a Deeper Self-Understanding Can Help You Raise Children Who Thrive*. New York: Penguin.

Siegel, J. P. 1992. *Repairing Intimacy: An Object Relations Approach to Couples Therapy.* Northvale, NJ: Jason Aronson.

———. 2000. *What Children Learn from Their Parents' Marriage*. New York: Harper Collins.

———. 2004. Identification as a focal point in couple therapy. *Psychoanalytic Inquiry* 24:406–419.

———. 2006. Dyadic splitting in partner relational disorders. *Journal of Family Psychology* 20:418–422.

Smith, R. H., and S. H. Kim. 2007. Comprehending envy. *Psychological Bulletin* 133:46–64.

Stucke T., and S. Sporer. 2002. Who's to blame? Narcissism and self-serving attributions following feedback. *European Journal of Personality* 17:465–478.

Suls, J., and R. Martin. 2005. The daily life of the garden-variety neurotic: Reactivity, stressor exposure, mood spillover, and maladaptive coping. *Journal of Personality* 73:1485–1510.

Van der Kolk, B. A., A. C. McFarlane, and L. Weisaeth, eds. 1996. *Traumatic Stress: The Effects of*

*Overwhelming Experience on Mind, Body, and Society*. New York: Guilford Press.

Vecchio, R. P. 2000. Negative emotion in the workplace: Employee jealousy and envy. *International Journal of Stress Management* 7:161–179.

———. 2005. Explorations in employee envy: Feeling envious and feeling envied. *Cognition and Emotion* 19:69–81.

Viamontes, G. I., and B. C. Beitman. 2006. Neural substrates of psychotherapeutic change: Part 1 and part 11. *Psychiatric Annals* 36:225–247.

Walker, M. P., and E. van der Helm. 2009. Overnight therapy? The role of sleep in emotional brain processing. *Psychology Bulletin* 135:731–748.

Walsh, F. 1988. Personal communication. White, M. 1989. *Selected Papers.* Adelaide, Australia: Dulwich Centre Publications.

White, M., and D. Epston. 1990. *Narrative Means to Therapeutic Ends*. New York: Norton.

Williams, J. M., and J. Teasdale. 2007. *The Mindful Way Through Depression: Freeing Yourself from Chronic Unhappiness.* New York: Guilford Press.

Young, J. E., J. Klosko, and M. Weishaar. 2003. *Schema Therapy*. New York: Guilford Press.

人生顧問 455

# 情緒超載：擺脫抓狂人生，安撫情緒的有效方法

Stop Overreacting: Effective Strategies for Calming Your Emotions

作　者—茱蒂絲．席格爾（Judith P. Siegel）
譯　者—嚴麗娟
編　輯—張啟淵
企　劃—鄭家謙
封面設計—吳郁嫻

董事長—趙政岷
出版者—時報文化出版企業股份有限公司
108019 台北市和平西路三段二四〇號四樓
發行專線—（〇二）二三〇六六八四二
讀者服務專線—〇八〇〇二三一七〇五（〇二）二三〇四七一〇三
讀者服務傳真—（〇二）二三〇四六八五八
郵撥—一九三四四七二四時報文化出版公司
信箱—10899 台北華江橋郵局第九九信箱
時報悅讀網—http://www.readingtimes.com.tw
法律顧問—理律法律事務所　陳長文律師、李念祖律師
印　刷—家佑印刷有限公司
初版一刷—二〇二二年八月十九日
定　價—新臺幣三六〇元
（缺頁或破損的書，請寄回更換）

時報文化出版公司成立於一九七五年，
並於一九九九年股票上櫃公開發行，於二〇〇八年脫離中時集團非屬旺中，
以「尊重智慧與創意的文化事業」為信念。

情緒超載：擺脫抓狂人生，安撫情緒的有效方法 / 茱蒂絲．席格爾 (Judith P. Siegel) 著；嚴麗娟譯．-- 初版．-- 臺北市：時報文化出版企業股份有限公司，2022.08
面；　公分．--（人生顧問；455）

譯自：Stop overreacting : effective strategies for calming your emotions.
ISBN 978-626-335-701-3(平裝)

1.CST: 情緒管理 2.CST: 生活指導

176.52　　　　111010711



ISBN 978-626-335-701-3
Printed in Taiwan